운이 있는 사람은
세상을 탓하지 않는다

운이 있는 사람은
세상을 탓하지 않는다

초판 1쇄 발행   2024년 2월 26일

지은이   장한식
펴낸이   정윤아
디자인   김태욱
펴낸곳   SISO

출판등록 2015년 01월 08일
이메일   siso@sisobooks.com
인스타그램 @sisobook_official
카카오톡채널   출판사SISO

© 장한식, 2024
정가   18,000원

ISBN 979-11-92377-32-2 13190

운이 있는 사람은
세상을 탓하지 않는다

장한식 지음

MAKE YOUR
OWN LUCK

siso

프롤로그

"선생님, 이런 말씀을 드려도 괜찮으실지 모르겠습니다. 혹시… 저의 멘토가 되어 주실 수 있나요?"

내가 그동안의 인생 경험을 모아 책으로 만들고 싶다는 생각을 했을 때, 조언을 얻기 위해 만난 30대 청년이 내게 이렇게 물었다. 나는 갑작스러운 질문에 당황스럽기도 해서 그 청년의 눈을 바라보며 되물었다.

"왜 나를 당신의 멘토로 삼아야겠다고 생각한 거죠?"

"저는 어렸을 때 부모님이 두 분 다 돌아가셨어요. 그래서 인생을 어떻게 살아야 할지 배울 만한 주변 어른이 없었죠. 그동안 저만의 멘토를 찾기 위해 이곳저곳 기웃거려봤지만 만나기가 어렵더라고요. 선생님께라면 그런 인생의 지혜들을 배울 수 있지 않을까 해서입니다. 어쩌면 선생님과의 만

남이 저에게는 운명이 아닐까 하는 생각도 들었거든요. 죄송합니다. 많이 당황스러우시죠?"

청년과 나는 지인의 소개로 2번 정도 만났던 사이고, 이번이 3번째 만남이었다. 내 질문에 조심스레 답하는 청년의 눈빛에서 나는 어느 정도의 간절함을 느낄 수 있었다. 하지만 '내가 기꺼이 이 친구의 멘토가 되어주어야겠다'고 결심한 이유는 따로 있었다. 자신의 아픔이나 상처를 내게 거리낌 없이 말해주었기 때문이다. 친하다고까지 말할 수 없는 사이인데도 청년은 내게 자신의 진심을 털어놓았다. 나는 그 모습에 마음이 움직였다.

나는 그 옛날 서울에서 사업을 하셨던 아버지 덕에 9살 무렵까지 남부럽지 않게 잘살았다. 누나가 셋인 집에 첫아들로 태어나 부모님과 할머니의 사랑도 듬뿍 받고 자랐다. 60년대에 2층 양옥집에 살고, 자전거를 타고, 유치원에 다녔다고 하면 잘사는 사람들 부류에 들었을 거다. 내가 고장 난 자전거를 고친다며 어설프게 망치질을 하고 있을 때, 아버지는 말없이 그냥 새 자전거를 사주셨을 정도의 집안 형편이었다.

그러다 초등학교 3학년 학기 초, 갑자기 아버지의 사업

실패로 우리 가족은 모든 것을 잃어버려야 했다. 신촌 굴레 방다리 밑에 함석판으로 지붕을 덮어 비가 내리면 우당탕 소리가 나고 바람에 집이 흔들거리는 천막집으로 이사했다. 8남매나 되는 형제들은 남의 집으로 뿔뿔이 흩어지고, 나는 장남이라는 이유로 아버지와 힘든 삶을 시작하며 그동안 경험하지 못한 온갖 어려움을 체험하듯 겪었다.

내가 잘살아야 우리 가족을 도와줄 수 있다는 생각에 친구네 가족이 야반도주하던 트럭 짐칸에 올라 탄 그날부터 나는 생존을 위해 악착같이 살았다. 결혼을 하고 2년 7개월 만에 어렵게 한남동에 첫 집을 마련했지만, 맹자의 어머니가 자식의 교육을 위해 세 번 이사를 했듯 나도 강남으로 이사해 그곳에서 터를 내리기 시작했다. 몇 해 전에는 내가 가지고 있던 몇 채의 집 중 은마아파트를 큰아들이 결혼할 때 증여해주었다.
지금은 취미로 유튜브를 제작하고 경영에 어려움을 겪는 회사 대표들을 돕는 기업 컨설팅을 하며 대부분 여유롭고 간간이 바쁜 일상을 보내고 있다.

누구나 인생을 살다 보면 시련을 맞는다. 나도 상상하기

조차 힘든 갖은 고생을 경험했기에 지금은 이렇게 편안함과 안락함을 누릴 수 있다고 생각한다. 그때는 참 힘들었지만 지나고 나니 한낱 꿈같은 세월이다.

사람마다 각자가 생각하는 '부자'의 기준과 이루고 싶은 '목표'가 다 다르겠지만, 인생을 좀 더 즐겁고 풍요롭게 만드는 법은 경험상 어느 정도 정의 내릴 수 있을 것 같다. 진리는 변하지 않기 때문이다. 나는 이 책을 통해서 단순히 '돈을 많이 벌어 부자가 되는 법'보다 '어떻게 사는 것이 인생을 행복하게 만드는지'에 관해 이야기해주고 싶다. 아마 멘토가 되어달라고 했던 청년도 내게 그러한 조언을 기대했던 것이 아닐까 싶다.

앞으로 펼쳐질 청년과 나의 이야기를 통해 독자들 역시 멘토를 얻은 것 같은 지지와 응원, 희망을 얻어가길 바란다.

장한식

차례

"나는 잘될 것이다."

"남들이 했다면 나도 할 수 있다."

"최고는 못 되어도 최선은 다하자."

"나에게는 인복이 넘친다."

"나는 운이 따르는 사람이다."

인생은 당신의 생각에 의해 만들어진다. 꿈을 이뤄낸 사람들은 세상을 탓하기보다 행동하고 실천했다. 운은 최선을 다하는 사람에게 미소를 지으며 다가온다.

PART 1

인생은 스스로
만들어 가는 것이다

자신이 가진 외모, 학력, 스펙 등 환경을 탓하며 아무것도 할 수 없다고 생각하는 것만큼 어리석은 짓은 없다. 모든 것이 갖춰져야 원하는 것을 이룰 수 있다고 생각하지 마라. 인간에게는 맨몸으로 태어나 자신이 생각하는 대로 인생을 만들어 나갈 수 있는 힘이 있다. 자신 안에 있는 그 능력을 발견해 내라.

"안녕하세요, 선생님. 오시느라 고생하셨습니다."

1평 남짓한 공간에 테이블 하나와 의자 2개, 벽에 화이트보드가 걸린 홍대역 스터디룸에서 청년을 다시 만났다.

나는 바리스타, 드론, 심리상담, 유아체육지도사, 헬스트레이너, 수맥상담 등 많은 자격증을 가지고 있다. 새로운 걸 배우는 게 재미있고 그때그때 유행하는 이슈에 대해 공부하는 걸 즐기는 편이다. 코로나 19로 갑자기 하던 일을 중단할 수밖에 없었지만 무료하게 보내는 시간이 아까워서 유튜브를 해 보기로 했다. 2021년 7월, 하루 2시간씩 4회만 배우면 유튜버가 될 수 있다는 생각에 도전했지만, 유튜브 영상의 퀄리티를 높이기 위해서는 프리미어프로라는 프로그램이 필요하다는 걸 알고 나에게만 집중해 줄 수 있는 강사를 수소문해 매주 원주까지 가서 1년 동안 영상편집을 배우기도 했다. 나는 이번에도 책을 쓰기로 마음먹은 이상 허투루 하고 싶지 않았다. 이 분야의 전문가를 찾아가 배우고 싶었고, 그렇게 청년과 연이 닿았다.

청년은 근처 카페에서 뜨거운 음료와 차가운 음료를 사와서는 내게 음료를 하나 고르라고 했다. 나는 '얼어 죽어도 아이스파'라 차가운 음료를 골랐다. 오늘 청년의 표정은 왠지 모르게 사뭇 진지했다. 뭔가 고민이 있는 것 같기도 했다. 나는 늦여름 시원한 아이스티를 한 모금 쪼옥 들이켰다.

"선생님, 제가 요즘에 20~30대를 위한 인생의 지혜를 알려주는 자기계발 성격의 유튜브를 정말 많이 보거든요? 보통은 잘나가는 명사들을 불러다가 유튜버가 여러 가지 질문을 해요. 뭐 '요즘 같은 시대에 어떻게 살아야 하나요?', '인간관계 잘하는 비결이 뭔가요?', '지금 무일푼으로 돌아간다면 어떻게 다시 부를 일구시겠어요?', '현재를 살아가는 20~30대에게 어떤 조언을 해주고 싶나요?' 등등이요. 근데 어느 순간 그런 영상을 너무 많이 보다 보니까 오히려 더 헷갈리더라고요. 다 좋은 얘기지만 나한테는 적용이 안 되는 것 같고 그건 그들만의 노하우일 뿐인 것 같다는 생각이 자꾸만 들었어요."

"그렇게 명사로 초대될 정도면 다들 자기 분야에서는 정점을 찍은 사람들일 텐데 보통 그런 사람들은 자기만의 인생을 사는 방식과 철학이 있겠지."

"네. 저는 제가 하는 일에 대해서는 나름대로 전문가 소리 들으면서 인정은 받고 있지만, 앞으로의 인생을 어떻게 살아가야 할지에 대해서는 스스로 생각하는 힘이 좀 부족한 것 같아요. 그게 요즘 제 고민이기도 하고요."

"자네 인생에 대해 누가 정답을 말해 줄 수 있겠나. 그저 사람들은 각자의 경험을 이야기해 줄 수 있을 뿐이야. 정작 나도 마찬가지고…."

청년은 내 이야기를 들으며 뜨거운 차를 호호 불어 한 모금을 마셨다. 그러고는 장난스런 표정으로 이렇게 물었다.

"만약에요, 선생님. 20대인 아드님이 있다고 쳐요. 그 아들이 어느 날 선생님께 와서 '아버지, 요즘 같은 시대에 저는 어떻게 살아야 할까요?' 하면서 진지하게 묻는다면 선생님은 무슨 이야기를 해 주시겠어요?"

나에게는 두 아들과 딸이 하나 있다. 모두 대학을 졸업해서 사회생활을 하고 가정을 일구었다. 내 자식들에게는 "이렇게 살아라, 저렇게 살아라"라고 말해 본 적이 없다. 그저 내가 성실하게 열심히 사는 모습을 보여주는 것이 자녀교육이라 믿으며 살았다. 청년의 질문을 받고 내 아들이 만약 그런 고민을 한다면 무슨 이야기를 해 줄 수 있을까 곰곰이 생각해 봤다.

**

　며칠 전, 개인사업으로 화물 용달차를 운행하는 한 친구를 만났다. 자신을 서른한 살이라고 소개한 그 청년은 대학을 졸업하자마자 회사에 들어가 2년 정도 일하고 군대에 다녀와서 다른 직장에서 또 3년 정도 일해 번 돈 5,000만 원으로 용달차를 샀다고 했다. 그렇게 용달 일을 해서 얼마 전에 작지만 내 집을 마련했다기에 젊은 나이에 참 대단하다고 말해주었다.

　나는 우리 사회에 이런 사람들이 많아져야 한다고 생각한다. 번듯한 대학 졸업해서 용달차를 몬다고 하면 사람들은 대부분 우습게 생각한다. 내가 보기에 요즘 사람들은 '저 사람 나이가 얼마래, 저 사람은 어느 동네에 산대, 저 사람은 어느 학교 출신이래' 하면서 이런저런 잣대로 다른 사람을 섣불리 판단한다. 오늘날 현대그룹을 만든 정주영 회장은 중학교도 채 졸업하지 못했다. 이런 사례는 세상에 셀 수도 없이 수두룩해서 굳이 더 나열하지 않아도 될 것 같다.

용달 사업을 하는 그 친구에게 당신은 지금보다 더 성공할 거라고 했다. 그랬더니 내게 90도로 허리를 숙여 "감사합니다!"라고 인사를 했다. 나는 속으로 '인성도 됐군…' 하고 생각했다. 하루 종일 운전으로 끼니를 놓쳐 빵이나 간편식으로 식사를 때우다 보니 몸이 좀 뚱뚱했던 것에 비하면 눈빛과 정신은 아주 맑아 보였다.

나는 대한민국의 많은 청년이 대기업에 대한 환상을 좀 버렸으면 좋겠다. 취업이 힘들다, 어렵다 하지만 눈높이를 조금만 낮추면 일할 수 있는 곳은 널려 있다. 기업도 대학을 나와야 급여를 많이 주는 것이 아니라 성과와 경험에 의해 급여를 주는 방식으로 바뀌어야 한다고 생각한다. 그래야 많은 젊은이들이 회사에 안주하지 않고 자신의 능력을 계발하는 데 더 관심을 쏟게 될 것이다.

성공한 사람들의 노하우를 많이 보고 들었다고 해서 저절로 성공하는 건 아니다. 자기 객관화를 통해 자신의 수준을 알고 자신만의 길을 찾아갈 줄 알아야 성공하는 시대다. 일은 내가 만들면 생겨나고 인생은 온전히 자기가 만들어 가는 것이다. 남이 만들어 줄 수 있는 것도 아니고 그럴 수도 없다. 물론 운도 따라야겠지만 열심히 사는 사람에게 그

운도 찾아오는 법이다.

나는 금수저로 태어났지만, 갑자기 하루아침에 흙수저가 되었고 그 흙을 털어내려고 무던히 애썼던 사람이다. 나처럼 금수저가 흙수저가 되기도 하고 흙수저로 태어나도 얼마든지 개인의 노력으로 다이아몬드수저가 될 수 있는 재미있는 세상이 지금 우리 눈앞에 펼쳐져 있다. 꼭 부모의 혜택을 받아야만 많이 배울 수 있고 성공할 수 있다고 생각하지 마라. 금수저 부모가 없다면 자신이 집안을 반짝반짝 닦아 일으켜 세울 수 있는 사람이 되는 것도 멋있는 일이다.

***

대우자동차 김규환 명장은 초등학교도 다녀본 적이 없고, 일가친척 하나 없이 15살에 소년가장이 되었다. 글자도 읽을 줄 몰라 옆집 아주머니가 신문에 나온 '대우중공업 사원 모집' 공고를 읽어준 덕에 무작정 회사로 찾아갔다. 회사 앞에 당도해 '일을 하고 싶어 왔다'고 하니 경비원은 냄새부터 난다며 쫓아냈다. 당장 일을 하지 않으면 어린 여동생과 굶어 죽어야 하는 상황이라 김규환 명장은 경비원에게 제발 들어가게 해달라며 애원했다. 경비원은 학력도 없고 글자도 모르는 주제에 어떻게 일을 하냐며 거지 취급을 했다. 경비원에게 얻어맞고 있는 광경을 본 지나가던 회사 임원이 무슨 일이냐며 물었고, 입사자격이 미달이라 기술직은 어렵고 사환으로 어렵사리 채용이 되었다.

김규환 명장은 하늘이 준 기회라는 생각으로 매일 아침 5시에 회사로 출근했다. 마당을 쓸고 물을 나르는 일이었지만 그는 모든 일을 허투루 하는 법이 없었다. 그러던 어느 날 당시 사장이 김규환 명장에게 "왜 그렇게 일찍 오냐"고 물었다.

"네, 곧 출근하실 선배들을 위해 미리 나와 기계 워밍업을 해 놓으려고요."

김규환 명장의 대답에 사장은 다음 날 그를 정식 기능공으로 승진시켜 주었다. 2년이 지난 후에도 그는 매일 같이 5시에 출근했고, 사장의 같은 질문에 똑같이 대답했더니 그 다음 날 반장으로 승진했다. 그는 자신의 부족함을 알고 매일매일 노력해서 훈장 2개, 대통령 표창 4번, 발명특허대상, 장영실상 5번을 받고, 마침내 1992년 초정밀 가공 분야 명장으로 추대되었다. 그는 언젠가 한 인터뷰에서 이런 말을 했다.

"어느 날 무서운 선배가 세제로 기계를 다 닦으라고 시키더군요. 그래서 모든 기계를 나 뜯어 닦았습니다. 기계 2,612개를 다 뜯어 보았지요. 6개월 지나니까 호칭이 '야, 이 새끼야'에서 '김군'으로 바뀌었습니다. 서로 기계 좀 봐 달라고 부탁했지요. 실력이 좋아 대접을 받기 시작하니 아무도 제게 함부로 대하지 못하더군요. 그런데 어느 날 난생 처음 보는 컴퓨터도 뜯어서 물로 닦았습니다. 그때 깨달았어요. 세상을 알려면 책을 봐야 한다는 것을요. 저는 국가기술자격 학과에 9번 낙방, 1급 국가기술자격에 6번 낙방, 운전면허도 5번 만에 합격했습니다. 사람들은 저를 새대가리라고 비웃기도 했지요. 하지만 지금 우리나라에서 1급 자격증 최다 보유자는 접니다. 제가 이렇게 된 비결을 말씀드릴까요? 그것은 '목숨 걸고 노력하면 안 되는 것 없다'는 저의 생활신조 때문입니다. 하루 종일 쳐다보고 생각하고, 또 생각하면 해답이 나옵니다. 저는 제안 24,612건, 국제발명특허 62개를 받았습니다. 세상에 조금이라도 도움이 되는 건 무엇이라도 개선합니다.

저는 현재 5개 국어를 합니다. 학원에 다녀 본 적은 없어요. 저는 욕심 부리지 않고 천천히 하루에 1문장씩만 외웠습니다. 집 천장, 벽, 식탁, 화장실 문, 사무실 책상 등등 가는 곳마다 문장을 붙여놓고 봤습니다. 이렇게 꾸준히 하니 나중엔 회사에 외국인이 찾아와도 유창하게 설명을 할 수 있게 되었고, 지금은 5개 국어를 할 수 있게 되었습니다. 사람들은 건강을 잃으면 다 잃는다고 말합니다. 그러나 저는 '용기를 잃으면 다 잃는다'고 말하고 싶습니다.

　그리고 제가 스스로를 위해 준비하고 노력했기에 기회를 만난 것입니다. 진급, 돈 버는 것은 자기 노력에 달려 있습니다. 세상 탓을 하고 매사 불평하기보다는 감사하는 마음으로 사십시오. 그러면 부러운 것이 없습니다. 남들 잘나가는 거 배 아파하지 말고 노력하십시오. 의사, 박사, 변호사 다 노력했습니다. 누구나 노력하는 만큼 얻을 수 있습니다."

　김규환 명장은 자신의 인생을 스스로 개척해 나갔다. 어떠한 지식과 기술도 없이 맨몸으로 입사해 대우중공업 최고의 인재로 거듭났다. 누가 시켜서 그렇게 된 것이 아니라 자신의 의지와 생각대로 자신의 인생을 만들어 나갔기에 명장의 자리에까지 올랐던 것이다.

＊＊＊

　학교를 졸업하고 20대 초반에 내가 먼저 일어서야겠다 싶어 가족들 몰래 야반도주를 해서 몇 군데의 개인 의상실

21

직원으로 몇 해를 보내고 27살에 공채로 입사했던 곳은 사무직원이 100명, 생산 공장에 300명 정도 근무하던 의류 관련 대기업이었다. 내 위로 직속 과장이 2명 있었는데 나는 그들보다 나이가 어린데도 능력을 인정받아 급여를 몇만 원 더 받았다. 그러니 그들에게 나는 눈엣가시요, 밟아줘야 할 타깃이었다.

당시 회사에서는 월요일마다 조회를 했는데, 42살 먹은 과장이 나더러 갑자기 당일 아침 조회에서 사회를 보라는 것이었다. 입사한 지 일주일밖에 안 된 나에게 그런 중책을 맡기니 어리둥절했다. 내가 "제가요? 그런 걸 해본 적이 없는데요?"라고 했더니 과장이 별렀다는 듯 "야, 주임이 그런 것도 못해? 월급도 많이 받는데!"라고 말하는 것이 아닌가.

그날 쭈뼛쭈뼛 몇백 명 앞에 서서 국민의례를 하는데 목소리가 너무 떨려서 사람들이 킥킥거리는 통에 쥐구멍이라도 있으면 정말 들어가고 싶은 심정이었다. 나는 그날부터 퇴근하자마자 웅변학원에 다녔다. 어떻게 해서든지 이걸 잘해내고 싶었다. 그 후로 나는 회사에서 가장 말을 잘하는 사람이 되었다. 사회든 가르치는 것이든 무엇을 맡아도 누구보다 잘할 수 있게 되었다.

또 하루는 생산 공장에 전선이 타다닥 타들어 가면서 불이 났다. 회사는 아수라장이 되었고, 일하던 직원들이 모두 밖으로 빠져나오고 있었다. 나는 '전선을 따라 불이 나고 있으니 두꺼비집만 내려주면 불이 더 번지지는 않겠다' 싶어서 공장으로 뛰어들어갔다. 다들 몰려나오는 틈에 내가 다시 안으로 들어가려 하자 키 180cm가 넘는 육중한 체격의 과장이 내 손목을 붙잡았다. 당시 내 몸무게가 53kg이었는데 과장에게 손목이 붙잡힌 채로 들어가서 기어이 두꺼비집을 내리고 나온 적이 있다.

나는 문제를 맞닥뜨리면 무엇이든지 피하지 않는 성격이다. 넬슨 만델라는 이런 말을 했다.

"용기란 두려움이 없는 게 아니라 두려움을 이겨내는 것이다."

나는 성장하면서도 그랬고, 사회생활을 하면서 어떠한 상황에 부딪혀도 도망가본 적이 없다. 특히 어떤 문제나 껄끄러운 일이 생겼을 때는 더 앞으로 나서곤 했다. 내 앞에 문제가 닥쳤다면 어떻게 해서든 해결하려는 게 나의 성격이다. 다른 생각은 하지 않고 눈앞에 닥친 문제를 어떻게 해결할 수 있을까만 떠올리면 바로 행동할 수 있다. 잘 못하는 것이 있으면 적극적으로 배우면 되고, 해결하기 어려운 문제가 생기면 책에서 답을 찾아보는 것도 방법이 된다. 어려움을 하나씩 해결해 나가 보면 알게 된다. 모든 경험이 나를 성장시키고 발전시키는 밑거름이 된다는 것을….

나는 오늘 만난 청년에게 '31살 용달 청년 이야기, 김규환 명장의 이야기 그리고 나의 이야기'를 들려주며 만약 내 아들이 "아버지, 어떻게 살아야 하나요?"라고 묻는다면 "네 인생은 네가 만들어 가는 것이니 용기를 가지고 무엇이든 원하는 대로 해 보고 싶은 것을 해 보거라"라고 말해줄 거라고 대답했다. 청년은 고개를 끄덕이며 뭔가 조금은 알겠다는 듯 남은 차를 홀짝이며 생각에 잠겼다.

당신이 무엇에 전념해서 노력할 때

성공 가능성을 통제하는 사람은 당신뿐이다.

사람들은 당신이 실패할 것이라고 말할 수 있다.

당신이 지나치게 많은 위험을 감수하는 것이라고 말할 수도 있다.

사람들은 자신이 선택한 평범한 삶으로

당신도 돌아가도록 설득하려 들 것이다.

속으로는 당신이 성공하는 것을 보고 싶지 않기 때문이다.

자신과 다를 바 없다고 생각하는 누군가가 자신을 크게 앞질러

위대해지는 것을 보는 것만큼 고통스러운 일은 없다.

성공하지 못한 사람들의 말을 듣지 마라.

그들 중 99%는 무엇 하나 제대로 아는 게 없다.

오직 당신의 멘토와 경쟁하는 친구들

그리고 당신 스스로에게 귀를 기울여라.

『10배의 법칙』중에서

PART 2

책은 시련의

피난처다

아침에 일어나서 가장 먼저 책을 펼쳐라. 밤새 고민했던 것들, 잘 풀지 않는 문제들, 답을 찾아야 하는 골칫거리들을 그저 머릿속에 넣어 둔 채 책을 읽다 보면 어느새 책 속에서 그 해답을 발견하는 경험을 하게 될 것이다. 내가 인생에서 가장 고통스러운 시간을 보내고 있을 때 나를 다시 살게 해 준 것은 다름 아닌 '책'이었다.

2

"자네, 내가 20대 초반 무렵에 부모님 몰래 집을 등지고 야반도주했다는 이야기해 준 적이 있던가?"

"저번에 뵈었을 때 잠깐 언급하시긴 했는데 자세히는 못 들었어요. 왜 야반도주까지 하셨던 거예요?"

"이야기를 하자면 좀 길어. 여기 몇 시까지 예약했지?"

"1시간 30분 해놨는데 시간이 다 되어 가네요. 제가 1시간 정도 더 추가할게요."

그렇게 우리의 대화는 또다시 이어지려 하고 있었다. 스터디룸 안에 있는 작은 창문 너머로 해가 점점 넘어가는 것이 보였다.

"같은 동네에 살던 친구네가 빚을 많이 져서 야밤에 도망을 가는데 그날 가족들 몰래 1톤짜리 화물차 뒤 짐칸에 타고 같이 도망을 갔어. 아버지 사업이 망하고 나서 우리 가족은 하루하루 죽을 고비를 넘기면서 살고 있었거든. 어린 나이부터 내가 돈을 벌어다가 집에 갖다 주면 어머니가 약간의 용돈을 주셨는데 마치 콩쥐가 밑 빠진 독에 물을 붓는 것처럼 우리 형편은 조금도 나아지지가 않는 거야. '왜 그런 걸까' 혼자 고민을 많이 했지. 이렇게 살다가는 나도 우리 가족도 답이 없겠더라고. 일단 나부터 살고 그다음에 가족을 도와야겠다는 생각을 한 것 같아. 그래서 가족들이 다 자는 새벽에 입고 있는 옷, 신고 있던 양말과 신발만 신은 채 그대로 집을 나왔어."

"그래서 어디로 가셨는데요?"

친구네 가족은 이태원 해방촌에 조그마한 맞춤센터를 열었다. 당시에는 지금처럼 기성복이 거의 없고 옷을 맞춰서 입는 시대였다. 나는 그 친구네 가게에서 일을 도우며 몇 달간 지냈다. 옷에 대해서는 아무것도 몰랐지만 어떻게서든 도움이 되고 싶어서 아침 일찍 가게 문을 열고 청소를 하고 손님이 오면 응대를 했다. 주변에 나보다 먼저 문을 여는 집이 있으면 다음 날 나는 더 일찍 열었다. 그렇게 하다 보니 새벽 5시에 가게 문을 연 적도 있었다.

아버지의 사업이 망하고 국민학교 3학년 때부터 학교를

2년 반 동안 쉬다가 다시 학교에 가게 되었을 때도 나는 항상 1등으로 학교에 갔다. 직장생활을 할 때도 무조건 제일 먼저 회사에 도착해야 마음이 편한 사람이었다. 나의 새벽 기상과 부지런함은 이미 어릴 때부터 습관이 되어 있었다.

친구네 가게에서 생활한 지 6개월 정도가 되었을 때 어떻게 알았는지 동생이 찾아왔다. 나는 6개월 동안 이를 악물고 돈을 모았다. 그런데 동생이 찾아와 "형, 집이 너무 어려워. 좀 도와줘"라는 말에 마음이 무너져 그동안 모은 돈을 모두 내주었다. 그런데 또 얼마 후에 동생이 다시 찾아왔다. 그때도 모아둔 돈을 모두 주었다. 그런데 2번째로 돈을 주며 동생을 보내고 나서는 이런 생각이 들었다.

'이럴 거였으면 내가 왜 도망쳐 나왔지?'

세 번째로 동생이 찾아왔을 때 나는 동생에게 이렇게 말했다.

"형은 죽었다고 생각해. 너한테 이제 형은 없어."

그날 동생은 나에게 돈을 받지 못해 차비가 없어서 집까지 걸어가며 나를 무척이나 원망했다고 한다.

나는 친구네 집 맞춤센터에서 1년 남짓 지내면서 먹고 싶은 거 안 먹고 사고 싶은 거 안 사며 착실히 돈을 모았다. 어깨너머로 일도 조금씩 배우면서 궁금한 것들이 많아졌다.

나는 종로 헌책방을 뒤져서 의상 패턴 뜨는 법과 관련한 책을 한 권 샀다. 그 책을 선생 삼아 독학으로 의상에 대해 공부해 나갔다.

1년 만에 친구네 가게를 나와 흑석동 중앙대학교 근처 의상실에 취업을 했다. 그 의상실은 대학생을 상대로 하는 곳이었다. 맞춤옷이라고는 하지만 당시에는 맞춤옷도 그리 비싸지 않던 시절이다. 나는 모르는 게 생기거나 공부해야 할 것이 있으면 그때부터 책을 사서 읽기 시작했다. 그리고 내가 본격적으로 책을 좋아하게 된 계기도 있었다. 1층이 내가 일하는 직장이었고, 2층이 병원이었는데 위아래 이웃으로 친하게 지내던 간호사 누나가 책을 참 좋아했다. 그 누나에게 잘 보이고 싶은 마음에도 책을 가까이하게 되었다.

*＊＊

"선생님께서 매일 저에게 책에서 읽으신 구절 카톡으로 보내주시잖아요. 그거 정말 신기해요. 꼭 선생님께서 제 마음을 알고 그 해답을 보내주시는 것 같은 기분까지 든다니까요?"

"그래? 사실 그렇게 말하는 사람이 몇몇 있긴 해. 동기부여가 된다는 사람도 있고 말이야."

"저한테만 보내주시는 것도 아니고 매일 이렇게 하시는 거 힘들지 않으세요?"

"힘들긴…. 매일 이렇게 보내고 나면 나한테 고맙다고, 위로가 된다고, 용기가 생긴다고 이런저런 답장 보내주는 사람이 많아서 오히려 내가 더 힘을 얻지. 이렇게 한 지도 꽤 되었는데 이제는 습관이 되어 버려서 안 보내면 뭔가 허전하다니까."

나는 월, 목, 일요일을 제외하고 주 4일 6시 30분에 책에서 읽은 좋은 글귀를 따로 메모해서 지인들에게 카톡으로 보낸다. 새벽 4시 반에 일어나 1시간에서 1시간 30분 동안 책을 읽는데 일주일에 2~3권 정도를 읽으면 1년에 약 100권 정도의 책을 읽을 수 있다. 내가 자기계발과 경제경영서를 탐독하게 된 이유는 살면서 고민에 직면하거나 좋지 않은 상황에 부딪혔을 때, 뭔가를 선택해야 할 때 용기와 지혜를 얻기 위해서였다. 목표를 세우고 이루어가는 과정에서 책의 도움을 참 많이 받았다.

특히 몇 년 전, 투자 실패로 소송까지 가게 되면서 마음이 참 많이 괴로웠다. 남에게 싫은 소리 듣기 싫어서 그동안 나름대로 성실하고 진실되게 살아왔는데 나 때문에 여러 사람이 피해를 입게 되는 일이 생기자 견딜 수가 없었다. 나 자신에 대한 실망감과 죄책감에 하루하루가 지옥 같았다. 심지어 가족 몇몇에게 유언 아닌 유언까지 남기며 엉엉 운 날도 있었다. 병원 정신과에 가서도 의사 앞에서 매번 울다가 나오기를 수십 번이었다. 그때의 나를 잡아준 것이 바로 책이다.

울다가 정신이 들면 교보문고로 향했다. 책을 읽다가 또 그 사건이 생각나서 울고, 울음이 잦아들면 다시 책을 펼쳤다. 그동안의 경험에서도 그렇고, 책 속에 다 방법이 있다고 믿었다. 지금 이 시련을 잘 헤쳐 나갈 수 있는 방법이….

그렇게 매일 책을 읽으면서 마음에 울림을 주는 글귀들을 노트에 기록했다. 그러다 보니 이런 좋은 책들을 나만 보고 마는 것이 아쉬웠다.

나는 '아침을 열어주는 남자(아열남)'라는 독서 콘텐츠 유튜브를 개설했다. 유튜브 채널 개설부터 촬영, 편집까지 하려니 검색으로 배울 수 있는 데는 한계가 있었다. 나는 유튜브에 대해 전반적으로 배울 수 있는 곳을 찾아 비용과 시간을 투자했고, 현재는 300여 개의 영상이 내 채널에 올라가 있다.

하루는 인테리어 사업을 하는 첫째 아들이 뜬금없이 전

화해 내게 고맙다는 말을 했다. 채널을 운영한 지 얼마 안 되었을 때였는데, 아들은 아침 출근 시간에 내가 업로드한 유튜브 방송을 들으며 몇 번씩 좋은 문장들을 마음에 새겼다고 한다. 긍정적인 마음가짐을 가진 덕분인지 얼마 전 아주 큰 금액의 공사를 수주했다고 내게 감사 인사를 전해 내 마음을 뭉클하게 했다. 오히려 부족한 내 채널을 진심으로 들어준 아들에게 더 감사한 마음이 들었다. 내 아들처럼 누군가도 내가 만든 영상을 보면서 힘을 내고 무너진 마음을 다시 추슬러 단단해졌으면 하는 마음이다.

3년 전부터는 내가 알고 있는 사람들에게 감명 있게 읽은 책의 내용을 요약해서 아침에 보내주고 있다. '책 읽기 힘든 요즘인데 좋은 글을 보내줘서 고맙다, 덕분에 힘과 용기를 얻는다, 아침에 문자를 받으니 긍정적인 에너지가 생겨서 좋다'는 피드백을 받으니 성취감도 있고 누군가에게 도움이 되는 것 같아서 보람도 있다.

***

2021년 문화체육관광부가 실시한 국민독서실태조사에 따르면 한국의 만 19세 이상 성인의 '연간 종합 독서율(종

이책, 전자책, 오디오북 중 한 가지 이상 읽거나 들은 비율)'
은 47.5%였다. 즉 성인 2명 중에 1명은 1년간 책을 1권도
읽지 않았다는 의미다. 연간 종합 독서량도 4.5권에 그쳤다.
OECD 국가 중 최하위권에 속하는 셈이다.

　대한민국 국민이 책과 멀어진 이유에는 스마트폰의 영향
이 크다. 직장인들도, 학생들도 독서를 해야 한다는 것에 대
해서는 공감하지만 정작 여가 시간이 생기면 스마트폰 속
재미있는 영상을 즐겨 보는 것이 현실이다. 군인들 역시 병
영 생활을 하면서 스마트폰을 자유롭게 사용할 수 있게 되
자 책보다는 오히려 영상이나 다른 콘텐츠를 이용하는 비중
이 더욱 커졌다. 이제 책은 스스로 찾아 읽는 사람보다 영상
으로 요약된 것으로 읽은 셈 치는(?) 사람들이 더 많아졌다.

　한 국가의 독서율이 급격하게 매년 낮아지고 있다는 것
은 매우 심각한 문제다. 특히 어린이와 청소년들의 독서율
이 떨어지는 것은 미래세대가 책을 읽지 않는다는 말과 같
아서 국가 경쟁력에 치명적인 악영향을 미칠 수 있다. 독서
를 통한 사유가 없이 무분별한 영상에 노출되면 스스로 사
고할 수 있는 능력이 점차 떨어지고, 인생의 매 순간 선택의
기로에 섰을 때 올바르지 않은 선택을 할 확률이 더 높아진
다. 대한민국의 자살률이 높은 이유와 낮은 독서율은 전혀

무관하지 않다.

무턱대고 책의 텍스트를 읽으라는 의미가 아니다. '일주일에 몇 권을 읽는다, 1년에 몇백 권을 읽는다'가 중요한 것이 아니라 한 줄을 읽더라도 내 삶에 적용하고 그로 인해 내 인생이 좀 더 나은 방향으로 변화하는지가 더 중요하다. 2만 원 남짓한 비용으로 위대한 사람들의 생각을 집에서, 카페에서, 서점에서 내 것으로 만들 수 있다는 것이 얼마나 큰 효용성인가. 이만한 가성비를 가진 자기계발은 없다.

또 책을 읽는 것만큼 확실한 성공법도 없다. 특히 눈앞에 삶이 막막하거나 아무리 애를 써도 긍정적인 마음이 들지 않는다면 더더욱 책을 가까이하라. 지금 당신이 가진 고민거리 중 하나를 가슴에 품고 그 답을 찾기 위해 책을 읽어라. 반드시 해결해야 할 문제가 있다면, 다른 사람에게 묻기보다 책에 질문하라. 그리고 책에 주어진 대로 실천하면 된다. 우리가 알고 있는 많은 성공한 사람들의 공통점은 항상 책을 읽는다는 데 있다.

스타강사 김미경도 "인생이 불안할 때는 새벽에 일어나서 책을 읽어라. 나는 운영하던 피아노 학원의 수강생이 줄어들어 생계가 걱정되었을 때, 코로나로 강의 수입이 매달 0원이었을 때도 새벽에 일어나 독서를 하며 돌파구를 찾았다"라고 말했다.

＊

"선생님은 책 읽으실 때 뭔가 마음속에 '이거 어떻게 해결하지? 어떻게 답을 찾지?' 하고 질문을 품고 읽으세요?"

"오히려 그렇게 생각하고 책을 읽으면 답을 찾는 데에만 혈안이 되어서 책이 눈에 잘 안 들어오더라고. 어떤 사람은 또 그런 걸 생각하고 봐야 된다고 말하기도 하는데 그건 사람마다 스타일이 다른 것 같아. 나는 편안하게 제로 상태에서 책을 읽는 편이고, 그렇게 읽다 보면 편견 없이 얻어지는 지혜들이 생기거든. 그래서 나 같은 경우에는 힘들 때 아무 생각 없이 책을 읽을 수 있는 거지. 난 특히 역사책을 좋아해. 이야기 속에 푹 빠져 읽다 보면 리더십이라든지, 국제 정세라든지 현재와 다를 것이 없다는 생각도 들고 말이야. 에드워드 카가 지은 책 『역사란 무엇인가』에서도 말하잖아. '역사는 과거와 현재의 끊임없는 대화'라고."

"책을 읽으면서 '뭔가 답을 얻어내야 해'라는 생각을 내려놓으면 편견 없는 지혜를 얻을 수 있다는 말씀이 인상적이네요. 저는 목적을 가지고 책을 읽을 때가 많은데 앞으로는 좀 더 편안한 마음으로 읽어봐야겠어요."

청년은 시계를 보며 내게 어느덧 예약된 시간이 다 되었음을 알렸다. 그러고는 내게 언제 다시 뵐 수 있느냐며 아쉬워했다. 자신은 하루 종일 책과 관련된 일을 하지만 정작 일에 치여 읽고 싶은 책을 읽지 못하는 아이러니한 상황이라며 한숨을 내쉬었다. 나는 새벽 시간을 활용해 보라고 조언해 주었다. 매일 아침, 일어나서 제일 먼저 책을 읽는 것이 인생을 얼마나 멋지게 바꿔주는지에 대해 다시 한번 말해주었다. '책 속에 길이 있다'라는 말처럼 청년이 고민하는 모든 문제에 대한 답은 책 속에 있다는 당연한 이야기와 함께 말이다.

PART 3

최고보다는
최선을 다하자

'최고보다는 최선을, 결과보다는 과정을…' 나는 이 스포츠 정신을 좋아한다. 모두가 최고가 되려 하면 자기 자신에게 스트레스만 쌓이고 남들의 시선에도 지나치게 긴장을 느끼게 된다. 어차피 최선을 다하지 않으면서 최고가 될 수도 없다. 자꾸만 위를 쳐다보며 '나는 왜 최고가 될 수 없을까?' 고민하지 말고, 현재를 바라보며 지금 할 수 있는 일들에 최선을 다하라. 그러면 원하는 것을 얻을 수 있을 것이다.

3

9월의 어느 가을날, 청년과 한강공원을 걸으며 이야기를 나누기로 했다. 요즘 여러 기업의 컨설팅과 골치 아픈 일들의 해결을 위해 신경을 많이 썼더니 시원한 강바람이 좀 쐬고 싶었다. 공원의 나무들은 벌써 빨갛게 노랗게 잎사귀가 물들어가고 청명한 가을 날씨를 즐기는 사람들로 북적였다. 오늘은 청년과 함께 저녁 식사까지 하기로 약속이 되어서 늦은 오후에 그를 만났다. 해가 기울어지는 오후의 긴 그림자가 강변 데크에 드리워졌다.

"선생님, 안녕하세요. 제가 조금 늦었습니다."

"오늘 날씨가 좋아서 봐 주겠네."

"하하, 감사합니다. 선생님. 한강은 정말 오랜만이네요."

"그렇지? 나도 자네 덕분에 한강에는 오랜만에 나와 보는 것 같아."

"한강 하면 또 돗자리 깔고 앉아서 강을 바라보는 낭만 아니겠습니까?"

청년은 주섬주섬 준비해 온 돗자리를 잔디밭 위에 펼쳤다. 학창시절 소풍 때 이후로 잔디밭에 앉아 누군가와 두런두런 이야기를 나누는 것은 참으로 오래간만의 일이었다. 우리는 잔디밭 위에 앉아 한동안 멍하니 지는 해가 비쳐 반짝거리는 강물을 바라보고 있었다.

"요즘 많이 바쁘셨죠?"

"아니, 바쁜 것보다는 한 회사에 좀 골치 아픈 문제가 생겨서 그걸 어떻게 해결해야 하나 고민하느라 잠을 잘 못 자긴 했지."

"그러셨군요. 잠도 못 주무실 정도면 큰일인가 보네요."

"응, 큰일이긴 하지. 그런데 난 또 그걸 해결하면 내 입지가 더 커질 거라는 걸 아니까, 스트레스는 있지만 기대가 되기도 해."

"역시 선생님은 모든 일에 최선을 다하시기도 하지만 스스로를 믿고 결과를 긍정적으로 생각해서 밀고 나가시는 힘이 있으신 것 같아요. 젊은 저도 매번 그렇게 하지 못하는데…. 전 좀 독한 면이 부족한 것 같아요. 그게 저 스스로에 대한 불만이기도 하고요."

"내 카톡 프로필에 뭐라고 적혀 있는지 아나? '최고보다는 최선을 다하자'라고 적혀 있어. 난 어려서 사회생활을 시작했을 때부터 그냥 내 인생에 최선을 다하며 살고 싶었지. 또 그런 태도 때문에 돈도 벌 만큼 벌어봤고 말이야. 남한테 최선을 다하기보다 내 인생에 최선을 다하겠다고 마음먹어봐. 그러면 좀 마음가짐이 달라져."

나는 스물일곱에 아동복 제조회사에 공채로 입사해 누구보다 최선을 다해 일했다. 회사는 돈을 벌어야 나에게 월급을 줄 수 있고, 나는 회사의 이익을 위해 최소 내가 받는 월급의 4배는 일을 해야 한다고 생각했다. 회사에 가장 일찍 출근하는 사람이 나였고, 가장 늦게 퇴근하는 사람도 나뿐이었다. 최고의 효율을 내기 위해 불필요한 사람과 업무를 줄이면서 마치 내가 그 회사의 사장인 것처럼 일했다. 그래서 입사 후 누구보다 진급 속도가 빨랐고, 월급도 나이와 경력에 비해 다른 사람들보다 항상 많이 받았다. 사장은 물론 회장님에게 인정을 받아 고속 승진으로 과장, 차장, 부장이되고, 마침내 상무이사 자리까지 오를 수 있었다. 회사생활을 하는 19년 동안 나를 시기 질투하는 사람들 때문에 나의 회사생활은 그야말로 소리 없는 전쟁터나 다름이 없었다.

내가 수임으로 회사에 입사했을 때, 두 분의 과장님 중 내 직속 사수였던 과장님이 계셨다. 나와 10살 이상의 나이 차가 있었는데, 결국은 내가 부장 진급을 먼저 했다. 나는 내게 맡겨진 일만 하는 사람이 아니었다. 일을 하는 데 모자라거나 부족한 부분이 있으면 퇴근 후에 학원을 다녀서라도 악착같이 그런 부분을 채우려 애썼고, 상사가 가르쳐 주지 않는 것들은 퇴근 후 사무실 휴지통을 뒤져서라도 배웠다. 휴지통에는 상사나 선배들이 하루 종일 업무를 보면서 쓰고 고친 일에 대한 메모 같은 것들이 찢겨 버려져 있다. 모두가 퇴근하고 난 텅 빈 사무실에서 나는 찢어진 종이들을 책상 위에 올려놓고 같은 필체를 찾아 흡사 퍼즐 맞추기를 했다. 그 덕에 보고서는 어떻게 만들고, 그 안에는 어떤 내용들이 들어가는지 하나씩 알아갈 수 있었다. 갓 입사한 주임이라 쉽게 물어볼 수도, 또 가르쳐주는 사람도 없었지만 휴지통만 뒤지면 아쉬운 부탁을 하지 않아도 내가 원하는 정보를 얻을 수 있었다.

어느 날, 사장님과의 회식 자리가 마련되었다. 술이 얼큰하게 취한 과장님은 면전에서 사장님께 할 말이 있다고 했다. 사장님은 할 말이 있더라도 내일 회사에 출근해서 이야기하라고 단호하게 말씀하셨다. 과장님은 취기가 더 오르는

지 고집을 부리기 시작했다. 과장님은 사장님에게 왜 자신의 제안서는 단 한 번도 채택된 적이 없느냐며 옆에 있던 나를 들먹였다. 왜 자신의 제안은 등한시한 채 맨날 장한식 주임의 제안서만을 채택하느냐고 노골적으로 불만을 드러냈다. 사장님은 참다못해 정색하며 말씀하셨다.

"당신의 제안서에는 오로지 1안밖에 없기 때문에 고를 만한 선택지가 없고, 장 주임은 보통 3~4안까지 제안하니까 당연히 선택되는 횟수가 당신보다 장 주임이 더 많을 수밖에 없지 않겠어?"

나는 제안서 쓰는 법을 배운 적이 없다. 회사가 잘되어야 나도 안정적으로 월급을 받으며 가족들과 먹고살 수 있기에 회사에 도움이 되는 것이라면 최대한 고민해서 사장님께 제안한 것밖에 없다. 빠르게 진급하고 싶다는 욕심이나 누군가를 따라잡고 싶다는 마음은 전혀 없었다. 나는 언제나 그 과장에게 성실하고 일 잘하는 후배이자 눈엣가시 같은 존재였다. 얼마 후, 나는 그 과장님보다 먼저 부장으로 진급했고, 한때 내 사수이자 선배였던 과장님은 내가 부장으로 진급한 지 3개월 후, 회사를 떠났다.

***

회사의 전반석인 업무에 모두 관심이 많았넌 나는 구매 담당도 맡게 되었다. 나 말고 구매 담당자가 한 명 더 있었는데 나는 항상 그 사람보다 빠르게 움직였다. 새벽같이 출근하면서 이미 머릿속으로 구매 물품과 계산을 끝내고, 출근하자마자 경리과에 결재를 받아 바로 구매처로 향했다. 그러면 다른 담당자가 11시나 점심식사 후 1시쯤 구매처로 외근을 나갈 때 나는 외부 일정을 모두 끝내고 사무실에 복귀했다. 또 사장님이 원단 샘플을 어디에서 얼마에 사 왔다고 하면 나는 그보다 1원이라도 싸게 구매하지 않으면 스스로 쓸모없는 인간이라고 생각했다. 사장님보다 싸게 사 와야 한다는 암묵적인 사명감이 있었던 것 같다. 회사에 이윤을 만들지 못하는 직원은 잘려도 할 말이 없다고 생각했다.

　　80년대에는 여기저기 노동쟁의가 빈번하게 일어났다. 의류 제조회사였던 우리 회사도 생산부에서 매일 데모를 하는 일상이 벌어졌다. 업무를 정상화하려면 회사에서는 노조를 설득해야 했다. 총무과에서는 봉투 2장을 준비해 노동쟁의 주동자부터 한 사람씩 불러 면담을 시작했다. 협상이 잘 되면 월급 계산서를, 협상이 결렬되면 해고 수당을 주어 회사에서 내보냈다. 그런데 생산부 주임으로 있던 나는 따로 부르지 않고 개발실로 발령을 내는 것이 아닌가.

개발실은 옷 샘플을 만드는 곳이다. 디자이너들이 스케치를 만들어서 그려주면 패턴사들이 그 그림을 보고 본을 떠서 원단을 잘라주고 미싱사가 바느질을 해서 옷의 형태를 만드는 것이다. 그러니까 패턴사의 역할이 굉장히 중요한 곳이었다. 나는 디자인도 할 줄 모르고, 패턴도 못 뜨고, 미싱을 할 수 있는 것도 아닌데 왜 여기로 보내졌을까 생각했다. 나는 개발실에서 소모품 입출고 관리를 맡았다.

'내게는 해고 수당도 아깝다는 건가? 이렇게 그만둘 수는 없지!'

옷 회사에는 족보 창고라는 데가 있다. 그동안 회사에서 만들어 판매한 옷의 샘플과 언제 얼마나 팔렸는지에 대한 정보, 옷에 대한 전반적인 스펙 정리가 되어 있는 곳이다. 나는 할 일이 없어서 남는 시간마다 족보 창고에 가서 놀았다. 논다고 표현했지만 어떤 옷들이 잘 팔렸는지 이것저것 조사도 하고 당시의 유행이나 흐름 같은 것들을 파악하고 싶어서였다. 대부분의 옷들이 눈에 익기 시작하니 디자이너들이 디자인을 넘겨주면 족보 창고에서 봤던 옷 중에 비슷한 것을 찾아 응용해서 내가 패턴을 뜰 수 있게 되었다. 보통 패턴사들이 하루에 어려운 것은 1장, 쉬운 것은 4장 정도를 뜰 수 있었는데 나는 두 사람의 몫을 하루에 해냈다. 결국 나로 인해 패턴사 중 한 사람은 해고되었다.

10월 초가 되면 백화점에는 겨울옷이 진열된다. 의류는 반 계절 정도 앞서 옷을 디스플레이하는데 회사에서는 아이들을 위한 코트 제작을 준비하고 있었다. 이미 백화점에 걸려 있어야 할 시기에 샘플을 만들고 있으니 시기가 많이 늦었다. 회장님의 아내였던 개발이사님은 나에게 남자아이 코트 패턴을, 다른 사람에게는 여자아이 코트 패턴을 뜨라고 지시했다.

영업부에서 전년도 판매하던 사이즈가 다소 작았다는 지적에 따라 새로 들어온 디자인 실장이 너무 큰 사이즈로 9세 아이 코트 디자인을 발주했다. 나는 족보 창고에서 본 눈썰미가 있어서 9살 아이의 신체 사이즈에 맞는 치수를 알고 있었다. 나는 개발이사님에게 치수가 너무 커서 이대로 패턴을 뜨면 판매를 못한다고 건의했다. 하지만 이사님은 내 패턴 경험이 부족하다고 판단했는지 내 의견을 묵살했다. 그러고는 시간이 촉박하니 디자인 실장이 지시한 치수대로 다른 패턴사가 제작한 패턴이 공장으로 넘겨졌고 원단은 큰 사이즈 그대로 재단이 되고 말았다.

나는 며칠 고민하다가 가슴속에 사직서를 품고 전무님을

찾아갔다. 나는 그동안 여러 번 나의 능력을 회사에 보여주었기에 이미 스타가 되어 있는 사람이었고 회사에 나를 모르는 사람이 없었다.

"어? 장 주임, 무슨 일이야?"

"사직서 써 가지고 왔습니다."

"사직서는 담당 과장한테 넘겨야지 그걸 왜 나한테 가져와?"

"제가 사직서를 과장님께 드리면 바로 수리되니까요. 근데 저는 꼭 드리고 싶은 말씀이 있어서 이렇게 왔습니다."

"아이들 코트 사이즈를 이렇게 하라는데 이대로 상품 만들면 회사 망합니다. 이 알파카 원단이 지금 야드당 2만 원이나 하는데 나중에 장한식이라는 사람 때문에 회사 망했다는 소리 듣기 싫어서 왔으니까 이거 꼭 샘플을 만들어서 입혀 봤으면 좋겠습니다. 그러고 나서도 제 생각이 잘못됐다고 생각하시면 사직서 수리하십시오."

"그럼 모델에게 입혀 볼 테니까 샘플 빨리 만들어서 가져와 봐."

나는 부리나케 디자인 실장이 오더를 내린 치수대로 샘플을 만들어 전무님에게 갖다 드렸다. 당시 전무님이 정말 마르셨었는데 셔츠만 입고 그 위에 코트를 입으니 얼마나 크게 만들었는시 대충 맞았다. 성인 남자가 입어도 되는 옷을 9살짜리 어린이에게 입히겠다고 했으니 전무님은 불같이 화를 내며 임원을 포함해 13명의 관련자를 모두 소집했다. 결국 내 말이 맞았고 개발이사님이 디자인 실장에게 이 문제를 어떻게 했으면 좋겠냐고 물었다. 디자인 실장은 2인치만 더 줄이라고 했다. 나는 전년도 사이즈 그대로 해야 된다고 강하게 반박했지만, 실력자라는 알량한 자존심에 실장은 내 말을 또 무시하고 자기 생각대로 치수를 줄였다. 나는 이대로 포기할 수 없었다. 나는 전무님 책상 위에 내가 원하는 사이즈와 디자인 실장이 시킨 사이즈대로 만든 패턴, 설명서를 첨부하고 그 옆에 사직서를 놓고 집으로 왔다.

다음 날, 전무님 기사가 우리 집 앞으로 찾아왔다. 전무님이 기사를 보내 나를 데려오라고 지시한 것이다. 회사에 갔더니 옷이 다 만들어져 있었고, 다들 모여 난리가 나 있는 상태였다. 그날부로 하나 남아 있던 패턴사와 디자인 실장은 해고되었다. 나는 개발실에 들어온 지 2개월 만에 영웅이 되었다. 전무님은 나에게 다른 패턴사를 더 구해주겠다고 했지만 이미 두세 사람의 일을 나 혼자서 하고 있었던 터라 회사의 능률을 위해 더 구하지 않아도 된다고 했다. 대신나를 도와줄 직원을 한 명을 구해달라고 했다. 나는 계속해서 승진했고 급여도 계속 올라가고 있었다.

***

당장 월급이 올랐다고 해서 안주할 내가 아니었다. 나는 다른 사람에게 리드 당하지 않고 언젠가 경영자가 될 사람이라고 생각했다. 의류업계 직급 체계는 실장이 부장보다 높다. 나는 어느새 실력을 인정받아 개발실장이 되었다. 그러던 어느 날, 사장님이 사장실로 나를 부르셨다.

"장 실장, 자네가 인력관리를 잘한다는 소문이 났더군. 혹시 생산부도 좀 맡아 관리해 줄 수 있겠나?"

사장님 말은 개발실장에서 생산부로 가라는 것이 아니라 둘 다 맡아달라는 말이었다. 당시 노동쟁의를 회유하는 과정에서 많은 사람이 해고되었고 미싱사들도 그만두면서 생산부 인력이 부족했다. 더구나 그걸 관리할 만한 책임자도 부재한 상태였다. 나는 몇 분 정도 앉아서 고민하다가 사장님에게 3가지 제안을 했다.

"제가 생산부 관리까지 맡기를 원하신다면 3가지 조건이 있습니다."

"뭐 얼마나 받길 원하는데?"

"저에 대한 처우를 말하는 게 아닙니다."

"그럼 뭔가? 말해보게."

"첫째, 우리 회사는 경쟁 회사에 비해 근무 시간이 너무 깁니다. 아침저녁으로 근무 시간을 줄여주십시오. 둘째 생산부 직원들의 급여가 너무 적습니다. 타사를 다 조사해 올 테니 급여를 조정해 주십시오. 셋째, 저는 일을 잘하는 사람은 칭찬할 것이고 일을 못하는 사람은 야단을 칠 테니 사장님은 귀를 막아주십시오. 그리고 이 3가지에 대해 확정된 사항은 제가 직원들 앞에서 발표할 수 있게 해 주십시오."

"음… 좀 생각해 보겠네."

"그럼 전 안 하겠습니다. 없던 일로 하시죠."

사장님은 내게 좀 기다려 보라며 담배를 한 대 입에 물었다. 얼마의 시간이 지났을까.

"오케이! 장 실장 말대로 다 하겠네!"

며칠 후 아침 조회 시간에 생산부 전 직원 앞에서 나의 관리 방침에 대해 발표를 했다.

"앞으로 제가 생산부 관리를 맡게 되었습니다. 난 여러분들의 능력대로 대우해 줄 것입니다. 일단 아침 출퇴근 시간을 앞뒤로 30분씩 줄입니다. 그리고 급여는 타 회사의 급여 수준을 조사한 결과에 따라 여러분이 일한 만큼, 회사에 기여하는 만큼 능력에 맞춰 차등적으로 지급할 것입니다."

직원들은 웅성웅성거렸다. 대부분의 표정이 밝아 보였다. 그렇게 일주일 정도 시간이 흐르니 생산부가 안정적으로 돌아갔다. 나는 사장실에 다시 찾아갔다.

"사장님, 요즘 생산부 사원들이 열심히 일하고 있습니다. 보셔서 아시죠?"

"응, 자네 덕분이지."

"근데 한 가지 더 요청드릴 사항이 있습니다."

"음? 뭔데?"

"저희 생산부에서 남자는 5,000원, 여자는 3,000원을 내고 등산을 가기로 했는데 사장님도 함께 등산 한번 가시죠."

"언제 가는데?"

"O월 O일 일요일입니다."

"그다음 날 출장이 있어서 말이야. 필요한 비용은 대줄 테니 난 빼주게."

"안 됩니다. 다음 날 출장을 가시더라도 함께 가 주셔야 합니다. 생산부 전 직원뿐만 아니라 다른 회사 사람들에게 직원들의 등산에도 사장님께서 함께 하신다는 걸 알려야 할 목적이 있습니다."

"… 오케이!"

약속된 날이 다가와 생산부 직원들 그리고 사장님과 천마산으로 등산을 갔다. 서로 도란도란 이야기를 나누며 산에 올라 도시락도 먹고 직원들은 멀게만 느껴졌던 사장님과 함께 휴일을 보낸다는 것에 감격한 눈치였다. 아니나 다를까 다음 날부터 우리 회사 생산부에 입사하고 싶다는 이력서가 쏟아져 들어왔다. 내가 예상한 그대로였다.

내가 사장님에게 직원들과의 등산을 권유한 것은 회사의 이미지를 만들기 위해서였다. '사장이 직원들과 이렇게 소통하고 있다, 사장이 권위적이지 않고 친근감이 있다'는 것을 보여주고 싶었다. 그렇게 생산부에 부족한 사람을 우수한 인재들로 채우고 더욱 안정적으로 업무가 돌아갈 수 있게 되었다.

***

당시에는 요즘처럼 출퇴근을 FM대로 잘 지키는 사람들이 많지 않았다. 툭하면 술 마시고 출근하지 않거나 일하다가도 술을 마시고 들어오는 사람들이 있었다. 요즘 시대에는 상상조차 할 수 없지만 특히 생산직에서 일하는 사람들은 그런 의식조차 없는 경우가 많았다.

회사 재단실에도 책임자가 있었고, 그 아래에 재단사들, 미싱사들이 근무하고 있었다. 그런데 책임자급인 사람이 툭하면 술을 마시고 출근을 하지 않았다. 나는 몇 번은 봐 주다가 회사와 다른 직원들에게 피해를 주는 사람은 해고하는 것이 답이라는 생각이 들었다. 나는 그 책임자 바로 아래 직급의 직원을 회사 근처 커피숍으로 조용히 불렀다.

"회사가 놀이터도 아니고 나오고 싶을 때만 나오는 사람은 회사에 필요가 없어. 내가 책임자를 해고하고 자네를 그 자리에 앉히려고 마음을 먹고 있는데 어떤 일이 생겼을 때 내 말대로 해 줄 수 있겠나?"

"해고요? 실장님! 그 사람은 제 친구인데요…"

"그 친구와 다르게 자네는 성실하게 일해주고 있어서 내가 자네를 그 자리에 앉힐 생각을 가지고 제안을 하는 것이니 생각해 보고 말해줘. 내 말을 따라준다면 3개월 후에 재단실에 책임자로 직책을 줄 것이고 그다음에 급여도 반영해줄게. 근데 그게 아니면 둘 다 나가야 할 거야."

한참을 고민한 직원은 나의 제안에 승낙했다. 승낙을 받고 나는 이렇게 말했다.

"걔가 사고를 칠 때마다 재단실 전체 직원에게 시말서를 쓰게 할 거야. 난 걔를 처리하기 위해서 자네를 포함해서 다른 직원들까지 들러리를 시키는 거니까 전원 다 쓸 수 있게 해줘."

결국 3번의 시말서 제출 끝에 그 책임자는 해고되었다. 그리고 내 말대로 다른 직원들을 잘 이끌어 준 그 밑의 직급 사원에게 부서의 책임자 자리와 급여를 주었다. 회사에 있던 자수사도 같은 방법으로 해고시키고 그 밑에 직급에 있던 사람을 책임자로 앉혀 주었다. 나는 외부에서 새로운 사람을 들이기보다 항상 기존에 있던 사람 중에서 성실하고 정직한 사람을 이용해 회사의 비효율을 개선해 나갔다. 스물일곱 살에 그 회사에 입사해 서른한 살에 부장이 되었으니 내가 얼마나 치열하게 살았는지는 두말하면 입이 아플 정도다.

언제나 승승장구만 할 수 있다면 얼마나 좋았겠는가. 위로 올라갈수록 사람들의 시기 질투는 상상을 초월할 정도로 커졌고, 모함 아닌 모함까지 받은 일도 있다. 왜 회사에서 열심히 일하는 사람을 아니꼽게 생각하는지 알 길이 없었다. 회사생활은 단언컨대 일이 힘든 게 아니라 사람이 힘들다는 게 100% 맞는 말이다.

내가 기획조정부 부장으로 근무하고 있었던 어느 날, 아침 일찍 회사에 출근을 해 들어가는데 총무과 직원들이 내 책상을 빼고 있었다. 나는 어리둥절해서 왜 내 책상을 빼느냐고 물었더니 이사님의 지시가 내려왔다는 것이었다.

"그럼 저는 이제 어디로 가나요?"

"글쎄요⋯."

한참 서 있다 보니 영업부로 가서 하청 공장에서 물건 들어오는 거 거래명세서와 세금계산서를 끊으라는 업무 지시가 내려왔다. 나는 어처구니없는 표정으로 영업부에 갔다. 내 자리는 원래 쓰던 책상의 1/4 크기 철제 책상으로 바뀌어 있었다. 열쇠 구멍도 없고 다리도 한쪽이 부러진 찐따 책상이었다.

"자네라면 하루아침에 갑자기 이런 대우를 받게 되었을 때 어떻게 할 건가?"

지금까지 쭉 내 이야기를 들으며 고개를 끄덕이던 청년에게 물었다. 청년은 더 생각해 볼 필요도 없다는 듯 상기된 표정으로 말했다.

"아니, 회사를 위해서 이렇게나 애쓰는 사람을 하루아침에 그렇게 내몬다고요? 어휴, 저라면 당장 때려치우죠."

"하하, 그렇지? 아마 다른 사람들에게 물어도 다들 그렇게 답을 할 거야⋯."

"설마… 그 치욕을 당하시고도 계속 다니셨던 거예요?"

"응, 난 그런 사람이니까."

그날 엄청난 스트레스를 받은 나는 팔에 마비가 왔다. 점심시간에 시간을 내어 병원에 갔더니 식사 시간이 겹쳐 진료를 할 수가 없다고 했다.

"제가 회사에서 이러저러한 일을 했던 사람입니다. 뭔가 저를 그만두게 하려는 사람들의 오해가 있는 것 같은데 저 팔까지 이러면 회사 그만두어야 합니다. 돈은 얼마든지 더 드릴 테니 일할 수 있게만 고쳐주세요. 부탁드립니다."

"이 정도면 쉬셔야 하는데… 그렇게 부탁을 하시니 저도 도리가 없네요. 알겠습니다."

나는 의사에게 눈물을 흘리며 하소연을 해서 겨우 허락을 받아 진료를 받을 수가 있었다. 나는 그렇게 병원을 다니며 이를 악물고 끝까지 참고 회사에 다녔다. 그날부터 그전 부서에서 내 밑에 있던 직원들이 운전을 할 수 없는 나를 대신해 내 차로 출퇴근을 도와주었다. 그렇게 딱 3개월을 지내고 나니 회사 내 나에 대한 모함과 오해는 모두 풀렸고 나를 위기로 몰아넣었던 사람은 회사에서 잘렸다. 나는 "그렇게 잘나가던 장한식이 하청 공장에서 들어오는 물건 거래명세서, 세금계산서 끊다가 잘렸대"라는 말을 죽어도 듣고 싶

지 않았다. 그래서 억울하지만 모함이란 걸 알면서도 참고
견뎠다.

"와, 진짜 파란만장한 스토리네요. 선생님도 진짜 대단하
신 것 같아요."

"그 회사가 지금은 없어졌지만 내가 다니던 당시에는 나
름 대기업급이었거든. 내가 입사해서 4년 만에 부장 달고,
8년 만에 상무이사까지 올라갔으니 그 회사에서는 역사를
쓴 거나 다름없었지. 난 내가 어느 자리에 있든 최선을 다했
던 것 같아. 그게 또 내가 할 수 있는 전부였고. 뭐 내가 사
업을 하고 분야에서 최고가 되고 그러진 못했지만, 어디를
가든 회사의 돈을 벌어다 주는 직원으로서 허튼짓 안 하고
일하는 데만 온 정신을 쏟았지. 지금 생각해 봐도 난 참 악
바리 같은 사람이었어."

우리는 조금씩 어둑해지는 한강공원을 뒤로한 채 저녁
식사 장소로 발걸음을 옮겼다. 젊은 시절을 떠올리며 한참
이야기하다 보니 어느 순간에는 마음이 먹먹해지기도 했다.
그땐 매 순간 이성적인 냉혈한으로 산 것 같은데 나도 이제
나이를 먹었나 보다.

PART 4

꿈꾸는 자만이
산을 옮길 수 있다

자신의 인생에 불만이나 결핍이 있는 사람만이 삶을 바꾸기
위한 꿈을 꾼다. 결핍을 느낀다는 것은 무엇이든 자신의 현
재 상태가 자신이 생각하는 만큼 완전하거나 완벽하지 않아
서 새로운 변화가 필요하다고 판단하는 것이다. 그래서 불만
과 결핍이 인생을 바꾸는 강력한 동기부여가 될 때가 많다.
당신은 어떠한 결핍을 인생을 바꾸는 원동력으로 사용할 것
인가?

4

우리는 예약해 둔 고깃집으로 향했다. 맛집인지 여러 테이블에 사람들이 자리를 잡고 앉아 있었다.

"여기 괜찮으세요? 공원 근처 맛집이라고 하길래 예약해 봤어요. 여기 고기 질이 아주 좋다더라고요."

"응, 난 좋아. 저녁 먹기는 좀 이른 시간인데도 사람들이 많네."

청년은 메뉴판을 보며 내게 이것저것 물었다. 주문을 마치자 서빙하는 직원이 반찬을 가져왔고 불판 위에 고기를 올렸다.

"저도 좀 악착같은 사람이 되고 싶거든요. 근데 저는 왜 그런 게 안 될까요? 성격일까요? 생각으로는 이만큼 할 수 있는 사람 같은데 행동으로 그게 잘 이어지지가 않는 것 같아요."

"성향에서 나오는 것도 있겠지. 근데 나도 저음부터 이런 사람은 아니었어. 어떻게 보면 내가 가진 인생에 대한 불만이나 결핍을 채우려고 노력하다 보니 점점 이런 사람으로 변하게 되었던 거지. 자꾸 시도하고 성공하는 경험이 쌓이면 자기 자신을 믿게 되고, 자기가 하는 선택들에도 확신이 생기게 돼."

　"저는 인생에서 그나마 오래 했던 일이 지금 하는 일이에요. 이 일을 만나고부터 그나마 안정감을 찾았거든요. 그전에는 딱히 뭘 해야 할지 뭘 할 수 있는 사람인지 잘 몰랐어요. 뭐든 조금씩 하다가 그만두는 일이 많았는데 이 일은 지금 10년째 하고 있으니 저한테는 정말 신기한 일이죠."

　"나는 나하고의 약속을 지키는 사람이 되자고 늘 생각했어. 사람들은 남한테 싫은 소리 듣는 게 너무 싫어서 인정받기 위해서라도 남과의 약속은 어떻게 해서든지 밤을 새워서라도 지켜내지. 근데 자기 자신과의 약속은 잘 안 지켜. 나와의 약속도 안 지키는데 남과의 약속도 언제든 안 지켜질 확률이 있는 거야. 난 그게 싫더라고. '내일부터 해야지' 그러면 벌써 약속이 미뤄진 거야. 난 무슨 강의를 들으러 갔다가 강사가 배울 점이 많고 내용이 유익하다 그러면 끝나고 강사를 찾아가서 '명함 한 장 주세요' 해서 받아가지고 일주일 내로 그 강사를 반드시 다시 찾아가."

"찾아가서 어떻게 하시는데요?"

"저 강의 들었던 사람인데요. 이러이러한 부분을 배우고 싶어서 찾아왔습니다 하고 봉투를 내밀지."

"봉투요?"

"내가 뭐라고 강의 한번 들었다고 만나주겠나? 사례금을 줘야 나랑 1시간이라도 이야기를 해 줄 것 아냐? 그렇게 봉투를 딱 내놓고 시작하잖아? 열어보지도 않고 도움을 줘. 그러면 다음번에 내가 가도 이 사람은 편안하게 시간을 내주지. 난 알고자 하면 누구를 찾아가서라도 해. 어떤 방법을 찾아서라두…."

"그러니까요. 독한 면이 있으세요."

"내가 헬스트레이너 자격증이 있다고 했잖아. 그거 강의 들어도 2~3시간 지나면 다 까먹어. 그래서 나는 집에 와서 배운 걸 꼭 기록으로 남겼어. 그래서 나중에 그걸 책으로 만들어서 그 교육기관에 기부를 했지. 가르쳐 준 강사도 수강생들도 다 놀랐어. 이런 경우는 처음이라고 말이야. 나는 내가 이걸 해야 되겠다 그러면 무슨 수를 써서라도 해야 돼. 나하고 약속을 지키는 사람이 되면 내가 단단해지지. 난 전국으로 출장도 참 많이 다녔는데 일 끝내고 나면 그냥 놀지 않아. 근처 맛집이나 명소를 찾아다니거든? 먹어봤는데 맛있다, 가봤는데 너무 좋았다 그러면 그걸 기록해 두었다가 꼭 가족들이랑 다시 한번 방문해. 나한테는 전국 빵집 지도, 맛집 지도, 명소 지도 다 있어."

"와, 진짜 뭘 하셔도 허투루 하시는 게 없으시네요. 아, 고기 식어요. 선생님 좀 드세요."

고기 질이 좋다고 하더니 정말 그랬다. 입안에 들어가자마자 몇 번 씹지도 않았는데 스르륵 목구멍으로 넘어갔다. 여기도 나중에 가족들 데리고 한번 와야겠다 싶었다.

"아까 자네가 스스로 끈기가 없는 사람이라고 했잖아. 그걸 당장에 자신과의 약속을 지키는 사람으로 만들어 버려. 그러면 다 돼. 힘들어도 하는 거야. 내가 어렵게 상무이사까지 올라간 의류 회사에 당당하게 사표 내고 보험설계사 되려고 보험사 들어가서 교육받을 때 거기 강사가 신입 교육 끝나는 날 자기 자신에게 편지를 쓰라고 했단 말이야. 난 뭐라고 썼는 줄 아나? '나는 1년 후에 연도대상 신인상을 받겠습니다. 나는 1년 후에 전 직장에서 받은 급여만큼 벌겠습니다'라고 적었어. 근데 그걸 또 일부러 나는 남들 앞에서 발표를 했지. 내가 그렇게 자신한 이유는 '저 사람 말로만 그래'라는 소리 안 들으려고. 속으로만 '나 이거 꼭 해야지'

그러면 안 해. 아무한테도 얘기 안 했으니까 안 지켜도 되잖아. 그래서 나는 내가 하는 약속에 대해서 남한테 반드시 얘기를 해. 가족들한테라도."

"저는 제가 못 지킬 걸 아니까 말을 잘 안 하게 되는 것 같아요."

"내가 바디 프로필 찍은 거 보여줬지? 엄청 몸짱까지는 아니더라도 운동을 10년 했는데 기록으로 남겨야 될 거 아니야. 난 내가 생각한 것들은 다 현실화시켰어."

"선생님도 성공한 사람들이 말하는 '나는 어떻게 되겠다, 나는 얼마를 벌겠다, 나는 무엇을 사겠다' 이런 거 써서 붙여놓으세요? 그 왜 성공한 사람들은 자기가 소망하는 것들을 벽에 붙이거나 다이어리에 붙이거나 하잖아요."

"그럼! 지금은 이제 다 이뤘고 다 가져봤으니까 안 하는데 한창 일할 때는 다이어리에 붙이고 다녔지. 첫 장에 100평짜리 집 붙이고 '나중에 100평짜리 집 사야겠다.' 두 번째 장에다 페라리, 람보르기니 붙여놓고 '스포츠카를 타겠다.' 세 번째 장에 세계지도 붙여놓고 '죽기 전에 30개국을 가겠다.' 네 번째 장에 스키 타는 거 붙여놓고 '나이 먹어서 스포츠를 즐기겠다'라고 다 해놨지. 그리고 다 이뤘어. 이렇게 꿈을 꾸고 노력하는 사람이 성공하지 꿈꾸지 않고 그냥 현실에 지여서 바쁘게 사는 사람은 꿈을 이룰 수 없어. 꿈을 구체화하고 그걸 이루려는 노력을 해야지."

"맞아요."

"성공한 사람은 남은 용서하지만 자신을 용서하지 않아. 실패한 사람은 자신을 용서하고 남을 용서하지 않지. 실패한 사람은 '네 탓이야' 하면서 남 탓만 해. 반면에 성공한 사람은 내 탓을 한다는 거야."

***

지글지글 맛있는 고기가 익어가고 좋은 사람과 식사를 하고 있으니 간만에 업무 스트레스에서 벗어나는 기분이 들어서 좋았다. 내가 요즘 골치가 아프긴 했나 보다. 이런 사소한 일에도 행복감이 느껴지는 걸 보니 말이다.

"자네 혹시 〈위대한 피츠카랄도〉라는 영화 본 적 있나? 20세기 영화사에도 빠지지 않는 작품인데 1982년에 나온 영화라 자네 취향이 아닐 수도 있지만…."

"어휴, 82년 영화면 제가 태어나기도 전에 제작된 거네요. 제가 책에는 관심이 있지만 영화는 애니메이션만 보는 취향이라…. 하하, 죄송합니다."

"뭐 각자 취향은 다르니까. 죄송할 것까진 없지."

"그 영화는 무슨 내용인데요?"

"내용 자체는 아주 심플해. 오페라에 미친 피츠카랄도라는 사람이 정글 오지에 오페라 극장을 짓겠다는 꿈을 가지고 자금을 마련하기 위해 커다란 배를 타고 아마존강을 건너 고무나무를 찾아 나서는 줄거리가 전부야."

"하하하, 정말 단순한 내용이네요. 그래서 주인공은 그 정글 오지에 오페라 극장을 지었나요?"

"자고로 영화를 보지 않은 사람에게 가장 중요한 결말을 스포할 수는 없지. 궁금하면 한번 찾아보라고. 근데 피츠카랄도가 정글에 오페라 극장을 지었냐 못 지었냐보다 이 영화의 제목이 〈위대한 피츠카랄도〉잖아. 왜 주인공이 위대한가가 이 영화의 관람 포인트라고."

"아, 그렇겠네요."

"피츠카랄도는 자기가 생각한 바를 이루기 위해서 어떻게든 시도하고 부딪혀. 요령이나 잔꾀를 부리지 않지. 요즘 사람의 시선으로 보면 참 고지식하고 미련해 보일 수는 있는데 주인공을 보면서 왠지 내 모습을 보는 것 같지 뭔가. 영화를 보다 보면 '아니, 저게 되겠어?' 싶을 정도로 상식을 깨부수는 행동을 해. 이를테면 중간에 산 때문에 뱃길이 막히는데 돌아가는 대신 산을 깎아서 배를 옮긴다든지 하는 것처럼."

"네? 그게 말이 돼요?"

"하하하, 웃기지? 근데 그게 되더라는 거야. 세상일이라는 게 어디 상식만으로 다 설명이 되던가?"

"네, 그렇긴 하지만… 어떻게 생각하면 참 무모하네요. 어리석어 보이기도 하고요."

"이 영화가 보여주고자 하는 건 단 하나야. '목표를 가진 한 인간의 광기와 노력은 결국 뭔가를 이루어 낸다. 그래서 그 사람을 어리석다고 비웃은 사람보다 그걸 이뤄낸 사람이 마침내 위대해진다!' 그러니 자네도 아직 늦지 않았어. 원하는 것이 있고 꿈꾸는 것이 있으면 당장 다이어리에 적고 그걸 이뤄내기 위해 광기 어린 노력을 하는 거야. 그럼 안 될 일도 하늘이 도와서 이뤄지지 않겠어?"

"그렇겠네요. 와, 동기부여 제대로인 영화인데요? 저도 한번 찾아봐야겠어요."

"내가 그 대기업 의류 회사 들어가기 전에 사실 조그만 회사에서 근무한 적이 있어. 거기 사장님은 남한테 뭘 못 맡기는 사람이었지. 뭐든지 자기가 지시하고 확인하고 결정해야 직성이 풀리는 분이었어. 내가 들어가서 이런저런 지시를 따르다가 한번은 실수를 한 적이 있었어. 점심시간이 되어서 사장님이랑 사장님 아내, 자식 3명, 사장님의 홀어머니, 내 밑에 사수 2명 해서 9명이 항상 밥을 같이 먹는데, 밥을 먹다 말고 사장이 내가 실수한 것을 가지고 막 뭐라고 다그치는 거야. '너 일 잘하는 줄 알았더니 이따위 실수나 하고 말이야. 당장 그만둬!' 하면서….'"

"아니, 무슨 큰 실수를 하셨길래요?"

"근데 그게 나는 납득을 못 하겠더라고. 그냥 나한테 맡겼으면 별일 없이 잘 마무리될 일이었는데 중간에 사장이 자꾸 이래라저래라 하는 바람에 좀 꼬인 것도 있었지. 그래서 내가 사장님한테 그랬어. '그건 저도 책임이 있지만 사장님께 더 큰 책임이 있습니다. 사장님께서 이렇게 해라 저렇게 해라 한 거에도 원인이 있으니까요. 그래서 저는 못 나갑니다' 하고는 딱 식탁 아래에서 무릎 꿇었어. '저한테 3개월만 시간을 주십시오. 그 3개월 동안 월급 안 주셔도 좋습니다. 그 대신 제 의도대로 하게 해 주십시오. 3개월이 지나고서도 제가 마음에 안 드시면 그땐 제 발로 제가 나가겠습니다' 하고 말했는데 '다 필요 없어!' 하고는 사장님이 식당에서 나가버리는 거야."

"그래서 어떻게 하셨어요?"

"난 계속 무릎 꿇고 있었지. 다른 사람들은 밥 먹다 말고 눈치가 보이니까 다 나가고. 한 30분 그렇게 무릎을 꿇은 채로 앉아 있었는데, 사장님이 다시 돌아오시더라고. 그대로 있는 나를 보고도 '왜 나가라는데 계속 있냐?'고 소리를 지르셨어. 근데 옆에 계시던 80대 어르신이 '이놈아, 저 친구가 한번 기회를 달래는데 넌 왜 그렇게 못돼먹었냐! 봉급 안 줘도 좋다고 기회를 달라는데 왜 그렇게 모질어?' 하면서 아들을 야단치시더라고. 그래서 다시 일하게 됐어. 그렇게 다시 1년 3개월을 일하고 아까 말했던 그 대기업 공채에 합격해서 이직한 거야."

"아, 그런 과정이 있으셨군요."

"응. 새 회사에 입사 날짜가 정해지고 나가려고 하니까 사장이 나를 부르더라. 자기가 여태까지 누군가한테 퇴직금이라는 걸 줘 본 적이 없는데 나한테는 주고 싶다면서 말이야. 그때 사장님이 내 어깨를 툭툭 두드리면서 말씀하셨어. '자네는 어딜 가든 분명히 성공할 거야!'"

"요즘 같은 시대에는 정말 선생님 같은 인재가 없죠. 그당시에도 아마 선생님처럼 능력 있는 인재가 흔치 않았을 거예요. 그 사장님은 정말 좋은 인재를 놓치신 거고요."

***

대기업 의류 회사에서 다닐 때 어떤 회사에서 나를 스카우트한 적이 있었다. 당시에 이 회사에서 내게 제시한 급여는 내가 받았던 급여의 3분의 2 수준이었다. 보통 스카우트라고 하면 현재 내가 받는 월급과 복지에 비해 더 나은 곳으로 이직하기 마련이다. 이게 보통 사람들의 상식적인 생각이다.

"내가 그 회사의 제안을 받아들였을 것 같나? 자네라면 그 스카우트 제의를 어떻게 할 거야?"

"아니, 300만 원 받다가 180만 원으로 줄어드는데 왜 가요? 저라면 안 가죠. 근데 선생님은 매번 평범한 선택은 하지 않으셨으니까… 이번에도 그 제안을 받아들이셨겠죠?"

"맞아! 난 그 회사로 이직을 했어."

"역시… 예상은 빗나가지 않았네요. 하하."

당시 그 회사는 망해가는 곳이었다. 그러니 나에게 많은 돈을 줄 수 없는 회사였다.

"그럼, 뭘 보고 그 회사의 제안을 받아들이신 거예요? 돈은 아닌 게 확실하고…. 어떤 비전이 있었나요?"

"내가 이 회사 가서 잘못돼도 나 때문에 망했다는 소리는

75

안 듣겠다 싶었어. 그리고 여기서 회사가 일으켜지면 나는 또 이 회사의 영웅이 되겠다고 생각했지. 그래서 사장한테 조건을 붙였어. 1년 후에 회사가 정상 위치로 가면 내가 원하는 급여를 달라고 말이야. 사장 입장에서는 1년이라는 시간을 벌 수 있으니까 오케이 했지. 근데 그 사장이 어떤 사람이었냐면 '상무님, 이것 좀 제 책상에 갖다 놓으세요. 책상에 가면요. 오른쪽에는 노트가 있고, 위에 서류가 있고, 왼쪽에 커피잔이 있는데 이거는 그중에 여기에다 갖다 놓으세요'라고 말하는 사람이었어. 그러니까 거기 근무하는 사람들도 의욕이 생겨서 막 일을 찾아 하는 게 아니라 딱 사장이 시키는 일만 하는 거야. 뭔지 알지?"

"네, 그 사장님도 역시 남한테 일 못 맡기는 사람이었군요."

"더 가관은 월급날이 되면 그 많은 사람의 월급을 주려고 돈을 현금다발로 인출해서 경리 직원들하고 일일이 다 세어서 봉투에 담아. 그리고는 봉투에 직원들 이름을 하나하나 손수 써서 직접 들고 다니면서 주는 거야. 그리고 사장님이 직원들 다 퇴근하고 나면 남대문시장에 가서 장사도 했어. 근데 아무도 그 남대문시장에 물건 실어다 주지 않아. 퇴근 시간 땡 하면 다 집에 가버리고 말지. 그러니까 직원들은 많은데 일들을 안 해. 입사한 지 보름이 되었는데 이 회사를 어떻게 살려야 할지 길이 보이질 않더라고. 그래서 사장님을 찾아갔어."

"사장님, 제가 드릴 말씀이 있습니다. 이따 술 한잔하시죠."

"그래요? 할 말이 있으신가 보군요."

"네, 사장님은 저를 경영자로 데리고 왔습니까, 관리자로 데리고 왔습니까?"

"상무님, 정말 모르서서 물어보시는 거예요? 당연히 경영자죠."

"근데 저는 지금 경영자도 아니고 관리자도 아닙니다."

"그게 무슨 말씀이시죠?"

"지금 사장님께서 경영자고 관리자고 다 하고 계시지 않습니까? 왜 사장님은 허드렛일을 하며 직원들의 월급을 그렇게 다 직접 주고 다니십니까?"

"아, 이건 내가 오랫동안 이렇게 해 왔는데요. 직원들도 내가 직접 줘야 좋아합니다."

"하지 마십시오. 그냥 은행에서 계좌 이체하십시오. 그건 생색으로 사람들이 '고맙습니다' 그러는 거지 사장님께 직접

받는 급여가 좋아서 그러는 게 아닙니다. 왜 시간을 그런 데다 낭비하십니까? 그리고 남대문시장에 물건 나가는 걸 왜 사장님께서 맨날 보따리 메고 다니십니까, 직원들이 있는데? 하지 마십시오. 제가 다 시키겠습니다. 저를 경영자라고 생각하신다면 회사에 자금이 어느 정도 필요하다는 걸 말씀드리면 사장님께서 결재만 해주십시오. 제가 알아서 하겠습니다. 그리고 직원이 지금 너무 많은데 일하는 사람은 없습니다. 그래서 제가 예를 들어 한 명을 해고시키면 해고자가 받던 급여를 1/N 해서 남은 직원들에게 나눠주겠습니다."

나는 그렇게 사장님을 이해시켰다.

"그래요. 알겠습니다."

그날 저녁 퇴근 시간에 나는 전 직원들을 불러모았다.

"여러분 사람이 무엇입니까? 우린 스스로 생각하는 만물의 영장입니다. 근데 여기 계신 분들은 시키는 것밖에 안 합니다. 왜 우리가 초등학생도 아니고 시키는 일만 하겠습니까? 앞으로 시키는 일만 하는 사람은 저와 함께 갈 수 없습니다. 떠날 사람은 정리하고 그 정리한 금액은 남아 있는 사람들한테 비율대로 N분의 1 해서 월급을 올려주겠습니다. 그리고 남대문시장은 앞으로 사장님이 안 가십니다. 왜 기사가 2명씩이나 있는데 사장님이 저 많은 짐을 이고 지고 가야 되죠? 여러분이 하십시오."

　내 말이 끝나자마자 반발하고 나서는 사람도 있고 웅성웅성하는 소리가 들렸다. 그날 바로 사직서를 낸 사람, 다음 날 낸 사람 등 다양한 반응이었다. 그렇게 1년 후, 망해가던 그 회사는 어떻게 되었을까? 50%의 인원이 감축되었지만 매출은 10배가 올랐다. 그런데 1년 후 내 월급은 20만 원이 올라 200만 원이 되었다. 나는 다시 사장님을 찾아갔다.

　"사장님 저랑 오늘 사우나 가시죠."

　"오, 좋지요!"

　"사장님, 제가 처음 이 회사에 왔을 때와 현재 환경이 어떠십니까?"

　"최고죠. 상무님 같은 사람은 본 적이 없습니다."

　"감사합니다. 근데 사장님, 제가 전 회사에서 얼마 받았는지 알고 계시죠?"

　"아, 알죠. 상무님 봉급이 적으셔서 그러세요?"

　"네, 적습니다."

　"…"

　"사장님께서는 제 능력이 돈을 더 받을 만큼이 된다고 생각하십니까, 안 된다고 생각하십니까? 능력이 안 된다 그러시면 20만 원도 안 올리고 지금까지 받던 그대로 받으며

1년 더 일하겠습니다. 근데 사상님이 제 능력을 인성하신다
면 제가 요구하는 대로 월급을 올려주십시오."

"능력은 되시는데 상무님이 부담스러우실까 봐요."

"아닙니다. 사장님이 능력을 인정하신다면 저도 부담스
럽지 않습니다. 사장님이 인정을 하시는데 저도 능력만큼
받을 자격이 충분하다고 생각합니다."

그래서 그달부터 내가 이전 회사에서 받던 그대로 급여
를 받을 수 있었다. 화장실 들어갈 때와 나갈 때 마음이 다
르다더니 회사가 그전에 비해 안정되고 매출이 10배나 올
랐는데도 내가 말을 꺼내기 전까지 사장은 나의 공로를 인
정해 주지 않았다. 마음은 좀 씁쓸했지만 그 사장을 원망하
고 싶진 않았다. 그 회사의 조건을 승낙하고 이직한 것도 나
의 선택이고, 그 회사를 살린 경험으로 지금 이렇게 기업 컨
설팅을 하며 남들은 은퇴한 나이에도 존경받으며 일을 하고
있으니 말이다.

***

당신에게는 생각하면 기분이 들뜨고 내면에서 뭔가가 꿈
틀대는 '꿈' 있는가? 나는 직장생활을 시작하면서부터 여러

가지 꿈을 가슴속에 품었고, 수시로 그 꿈을 이뤄낸 나를 상상했다. 100평짜리 집에서 살아보기도 하고, 남들이 부러워하는 스포츠카를 몇 대나 가진 오너가 되어 보기도 하고, 억단위의 연봉도 여러 번 받은 것도 모자라 경제신문 덕에 초기 강남이 개발되기도 전 집을 사서 생각지도 않았던 재테크로 많은 이득을 보았고, 51개국을 누비며 세계여행도 다녀봤다. 그저 돈을 꿈꾸라는 것은 아니다. '성공'에 대한 정의는 사람마다 다르다. 이직, 사업, 승진, 돈, 내 집 마련 등 원하는 것은 무엇이든 성공의 정의가 될 수 있다.

나는 지독한 가난을 겪어 봤기에 안전하고 편안하게 내 가족을 지키는 것이 내가 바라는 성공이었다. 그러려면 돈이 필요했고, 그 돈을 벌기 위해 최선을 다하며 살았다. 가난은 내가 가진 최대의 결핍이었고, 나의 가장 큰 동기부여가 되어 주었다. 고생도 많이 했지만 후회는 없다. 인생을 살며 모든 결정을 스스로 하며 살았기에 회한도 없다. 아내도 나도 건강하고 아이들은 시집 장가가서 자신의 밥벌이를 하며 성실하고 선하게 잘살고 있다. 손주들도 별 탈 없이 무럭무럭 자라고 있으니 이제 와 뭘 더 바라겠는가.

나는 매일매일이 재미있다. 아침에 눈을 뜨면 해야 할 것들이 많아서 바쁘고 해결해야 할 고민이 있다는 것도 나를 살아가게 하는 원동력이다. 만나는 사람마다 새록새록 흥미롭고, 대가를 바라지 않고 하는 일에도 항상 돈이 따라붙는다. 밤에는 얼른 자고 내일 일어나서 뭘 할까 생각하면 사는 게 참 재미있어서 웃음이 난다.

꿈꾸는 자만이 산을 옮긴다. 다른 사람들은 다 안 된다고 해도, 말도 안 되는 꿈이라고 비웃어도 내가 해내겠다고 결심만 하면 다 이룰 수 있다. 그러니 일단은 시작하고 행동하라. 빨리 이루고 싶고 빨리 이렇다 할 성과를 보고 싶어 하는 마음은 이해하지만, 산을 옮기는 일도 첫 삽을 푸는 것에서 시작한다. 결과에만 집착하기보다는 과정을 즐기며 천천히 여유롭게 가는 것도 나쁘지 않다.

식사를 마친 나와 청년은 잔뜩 부른 배를 두드리며 고깃집을 나왔다. 나의 직장생활 이야기가 나름 흥미로웠는지 청년은 그다음은 어떻게 되었고, 얼마나 그 회사에 더 있었냐며 질문 폭격을 던졌다. 우리는 테이크아웃 커피를 손에 들고 네온사인이 반짝이는 여의도 거리를 걸었다. 지나가며 보이는 술집과 식당에는 번듯한 양복 차림의 증권맨들이 삼삼오오 모여 깊어가는 가을밤에 술 한잔을 기울이며 하루 동안 쌓인 스트레스를 날려 보내고 있었다.

당신은 과거와 현재, 미래에 대해 어떤 생각을 가지고 있는가?

현재와 미래는 따로 존재하는 것이 아니라 서로 연결되어 있다.

사람들은 미래의 목표를 설정할 때,

"나는 이런 것들을 이루고 싶어" 또는

"나는 이런 사람이 될 거야"라고 이야기한다.

하지만 지금 이 순간이 미래의 어떤 점들과 끊어질 수 없는

선으로 연결되어 있다고 굳게 믿는다면,

삶에 대한 우리의 태도는 분명히 달라질 것이다.

지금의 작은 행동 하나로 인해 미래가 바뀔 수 있다니

이것은 매우 심각하고 대단한 일 아닌가?

현재는 우리의 미래에 너무나도 의미가 깊으며,

따라서 매우 소중하게 다루어야 한다.

인연의 씨앗이 자라서 또 다른 창조를 이루고,

그것을 통해서 또 다른 무언가를 만들어 낸다.

『관점을 디자인하라』 중에서

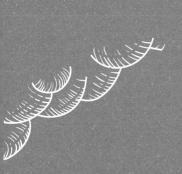

PART 5

쫓아가면 멀어지는
돈의 속성

돈은 가지고 놀아야 할 대상이지 쫓아가야 할 대상이 아니다. 오히려 돈만을 추구하며 살면 돈은 나에게서 더 멀어진다. 인생의 목적이 오로지 '돈'이 되는 순간 사람은 불행해질 수밖에 없다. 돈은 자신의 주인을 선택한다는 것을 알아야 한다. 돈은 자신을 아껴주고 좋은 일에 사용해 줄 수 있는 주체적인 태도를 가진 사람을 따른다.

오랜만에 큰아들 내외가 쌍둥이 손주를 데리고 집에 놀러 왔다. 태어난 지가 엊그제 같은데 벌써 손주는 말을 시작할 정도로 훌쩍 자랐다. 큰아들 내외는 아이가 심심해할까 봐 가지고 놀 장난감과 읽을 책을 바리바리 싸 들고 왔다. 나는 손주를 무릎에 앉히고 동화책을 읽어 주었다.

"무더운 여름날, 개미는 땀을 뻘뻘 흘리며 열심히 일하고 있었어요. 그런데 베짱이는 시원한 그늘 아래에서 악기를 연주하며 놀기만 했어요."

『개미와 베짱이』라는 이솝우화였다. 개미처럼 미래를 위해 현재를 희생하면 살아남고, 베짱이처럼 앞일은 나 몰라라 한 채 욜로(YOLO, You Only Live Once)만 추구하면 굶어 죽는다는 교훈을 담고 있다. 하지만 요즘은 개미처럼 사는 것보다 베짱이처럼 사는 사람들이 더 성공하는 시대일지도 모른다.

돈은 모으는 것도 중요하지만 쓸 줄 알아야 돈이 나를 따른다. 나의 아버지는 어디를 가더라도 절대 빈손으로는 가지 말라고 가르치셨다. 그래서 어릴 때부터 친구 집에 가든 친척 집에 가든 호떡이라도 한 장 사 들고 갔다. 요즘에도 그런다. 비싼 건 아니더라도 항상 '이 사람에게 뭘 사다 주면 좋아할까?'를 생각한다.

나는 가난에서 벗어나려고 무진 애를 쓴 사람이다. 그러나 자린고비처럼 무조건 모으기만 해서 돈을 벌진 않았다. 부를 일구고 자산을 불리는 데에는 소위 씨드머니도 중요하고 저축하는 습관도 중요하지만 아무에게도 베풀지 않고 돈을 꽁꽁 싸매고 있으면 돈을 모았다 한들 사람들에게 존경받는 부자가 되기는 어렵다. 더구나 돈을 안 쓴다고 해서 부자가 되는 것도 아니다.

나는 한때 친목 목적으로 라이온스 클럽에 가입해 4년 동안 봉사 활동을 하며 총무의 직무를 충실히 이행하기도 했었다. 보통은 사업하시는 분들이 세계적인 봉사단체인 라이온스 클럽 회원으로 가입해 활발한 활동을 하고 있었다. 그중에 한 분은 비서에게 "1시간 안에 돈 좀 최대한 구해줘"라고 지시하면 600억 정도는 가뿐히 끌어올 수 있을 만큼의 자산가였다. 이름만 대면 아는 2금융권 은행의 이사장에다 호텔도 소유한 사람이었지만, 매번 회비를 내지 않아 총무인 나의 골치를 썩였다. 그러다 어디 봉사활동이라도 간다고 하면 봉사는 안 하고 사진 찍는 자리에만 나타나는 사람이었다.

당시는 내가 보험회사에서 일할 때였는데 어느 날 전화가 와서는 "장 총무, 내가 강화에 호텔을 하나 샀는데 보험 들어줄 테니까 내가 주는 보험증권을 보고 같은 조건으로 설계해서 가져와 봐"라고 하는 게 아닌가. 월 납입금이 350만 원 정도 되는 큰 건수라 나는 신나는 마음으로 보험 조건을 설계해서 강화로 갔다. 그런데 대뜸 나를 보자마자 이렇게 요구를 하는 것이 아닌가.

"장 총무, 보험료 4개월 치는 빼줄 거지?"

"네? 죄송합니다. 그러면 전 안 합니다."

"전에 어떤 설계사는 몇 달 치 빼주고 그러던데. 장 총무는 좀 야박하네?"

"그럼 거기다 하십시오. 전 빼 드릴 수 없습니다. 그거 불법이고요. 적발되면 큰일 납니다."

나는 뒤도 돌아보지 않고 집으로 돌아왔다. 후에 그 자산가는 클럽에 "장 총무가 배가 부른지 내가 보험 들어준다고

하는데도 안 받더라"라는 소문을 퍼뜨렸다. 또 한 회원에게
는 호텔에 그릇이 필요하니 마진을 최소한으로 줄여 납품해
달라고 했다. 이 회원은 그래도 팔아준다기에 최대한 조건
에 맞춰 납품을 해 주었는데 결국 돈을 받지 못해서 우리 라
이온스 클럽에서 나가고 말았다.

　몇 해 전에 이 자산가가 유명을 달리하셨다는 연락을 받
고 장례식장에 갔는데 사람이 하나도 없었다. 하기야 살아
있을 때도 주변에 붙는 사람이 없었는데 죽었다고 사람이
찾아오겠는가.

＊＊＊

　"열심히 일해 목돈을 쥐게 되면 친구들과 여행도 가고, 맛
있는 것도 먹고, 식견을 넓히는 데 다 썼다. 성향적으로 저
축을 싫어하기도 하지만, 통장에 갇혀 생명력을 잃은 돈을
움켜쥐고 있기보다 살아 숨 쉬는 돈을 쓰는 것이 압도적으
로 즐겁고 행복하다고 믿기 때문이다. 지금도 그 믿음은 확
고하다. 쓸 수 있는 만큼 원 없이 쓰길 잘했다고 생각한다.
돈을 쓰면서 얻은 귀중한 경험들은 사회에서 겪은 다양한
상황에서 도움이 됐다. (중략) 나는 지금까지 저축 대신 경

험에 투자했고, 돈으로 산 그 경험들은 이제 그 곱절의 돈을 내도 결코 재현할 수 없다. 저축으로 눈앞의 불안을 조금 덜 수 있을지는 몰라도 시간을 되돌릴 수는 없다. 미래를 위해 죽은 돈을 꽁꽁 품고 살 것인가? 살아있는 돈으로 현재를 귀중하게 만들어 줄 값진 경험을 쌓을 것인가? 어느 쪽이 후회 없는 인생이 될지 선택은 당신의 몫이다."

『가진 돈은 몽땅 써라』의 저자 호리에 다카후미의 말이다. 책의 제목이 오해를 불러일으키기 딱 좋다. 간혹 이 책을 인용하면서 "천만 원을 벌면 천만 원을 다 써라, 자신을 돋보이게 하는 데에 돈을 써라, 그래야 더 좋은 것들을 끌어당길 수 있다, 스스로의 가치를 높이는 데에 돈을 써라"라는 식으로 해석하는 사람들을 볼 수 있는데 그건 이 책을 잘못 이해한 것이다. 아니, 이 책을 읽고 말하는 게 아니라 책의 제목만을 자기 식대로 해석한 것에 불과하다. 물론 저자 역시 갖고 싶은 것을 사고, 먹고 싶은 것을 먹고, 즐기고 싶은 것을 즐기는 데 돈을 쓰라고 말한다. 하지만 흥청망청 자신을 치장하는 데 쓰라고 이야기하진 않는다.

나는 여기에 보태어 돈도 자신이 어떻게 쓰이는지를 다느낀다는 주장을 하고 싶다. 돈도 자신이 주인의 방탕한 생활을 유지하는 데 쓰이는지, 주인의 성장과 발전을 위해 쓰이는지를 다 느낀다는 것이다. 좋은 느낌을 경험한 돈은 그 주인과 함께 앞으로도 기분 좋은 경험을 지속하기를 원한다. 이처럼 돈이 나와 함께 즐기고 놀고 싶어 해야 부자가 된다. 오늘 힘들고 피곤했으니까 술이나 한잔 마시자고 생각하는 것은 나를 위한 투자가 아니다. 나는 나이가 들어서도 새로운 이슈가 생기면 무엇이든 배우러 다닌다. 배우고 익히는 데 나의 돈을 투자한다. 본받고 배우고 싶은 사람을 찾아가 돈을 쓴다. 그만큼 내게 축적된 가치들은 내 주위로 사람들을 모이게 한다. 그러면 저절로 돈도 함께 딸려온다.

***

내가 부를 일구는 데 가장 크게 일조했던 것은 아무래도 '집'이다. 물론 어디를 가서 일하나 성실하게 열심히 했고, 회사생활하면서 부서 특성상 어음할인이라는 방법으로 급여 외에 돈을 좀 더 벌 수도 있었다. 보험회사에 다니면서는 매해 억대 연봉을 찍으며 벌어들인 돈도 있었다.

결혼해서 아이를 낳고 우리 가족은 한남동 주택에서 전세를 살고 있었다. 2층 양옥집이었는데 집주인과 함께 1층에서 생활했다. 주인집 거실을 거쳐서 화장실을 써야 하는 불편함이 있었지만, 그 당시에는 모두가 그렇게 살던 시절이었다. 지금 생각해 보면 불편한 줄도 모르고 그냥저냥 살았던 것 같다. 집주인은 일찌감치 남편을 먼저 떠나보낸 과부였고 고등학생이 된 아들과 함께 살고 있었다. 집주인은 사채놀이를 하는 사람이라 온 집 안 찬장이며 장판 밑, 곳곳에 현금다발을 숨겨 놓았다. 여기저기 그 어떤 곳이든 들추기만 하면 현금이 보일 정도였다. 그런데 어느 날 앙심을 품은 누군가에 의해 집주인이 피습을 당해 죽고 말았다. 뉴스에서나 보던 일을 현실에서 마주하니 충격적이었다. 세입자인 우리에게는 정도 많고 인심도 후한 사람이었기에 안타깝기도 했다.

2층에는 고등학생 딸을 키우는 부부가 세 들어 살고 있었다. 우리 집과는 달리 2층을 온전히 쓰고 있었는데 집주인이 죽자 그 부부는 혼자 남은 집주인의 아들과 자신의 딸을 엮으려고 갖은 애를 썼다. 혼자 남은 주인집 아들이 막대한 유산을 상속받게 된다는 걸 알고는 채 성인이 되지도 않은 아이들을 강제로 결혼시킨 것이다. 그 후로 2층 부부는 노골적으로 집주인 행세를 했다. 이 모든 사실을 알고 있는 우리 집을 내쫓기 위해 이런저런 방식으로 괴롭히기 시작했다. 그때 나는 내 집 없는 설움을 처음으로 느꼈다. 아이들도 커 가고 이참에 절대 쫓겨날 일 없는 우리 집을 장만해야 겠다고 생각했다.

　나는 결혼한 지 2년 7개월 만인 1979년 10월 29일, 내 생애 첫 집을 마련했다. 한남동에 마당이 있는 1층 단독주택이었다. 매매 가격은 850만 원이었지만 내 수중에는 전세금 200만 원이 전부였다. 그래도 나는 그 집이 마음에 들었고 덥석 계약서에 도장을 찍었다. 당시에는 지금처럼 은행에서 대출을 받아 집을 구입할 수 있는 시절이 아니었다. 반은 충동적인 마음으로 집을 사고 나서 계약서를 볼 때마다 650만 원을 어떻게 마련해야 할지 두려웠다.

　1979년 10월 26일, 박정희 대통령이 서거하면서 대한민국은 곧 전쟁이 터질 거라는 소문이 나돌았다. 그러니 경제가 얼어붙고 심지어 사채놀이를 하는 사람들조차도 전쟁 나면 못 갚는다고 돈을 빌려주지 않았다. 달러, 한화 할 것 없이 눈 씻고 찾아봐도 현금을 구할 수가 없었다. 외숙모의 도움으로 어렵게 사채업자를 소개받았지만 나는 망설였다. 사채업자가 6부 이자를 요구했기 때문이다. 100만 원을 빌리면 월 6만 원을 갚아야 하는 이자율이었다. 달러 이자는 한 술 더 떠서 월 10만 원을 내야 했다. 방법은 오직 하나였다.

6부 이자든 10부 이자든 돈을 빌려야 한다는 것이다. 그 당시 미싱사 한 달 월급이 3만 원 정도였다는 것을 감안하면 이자가 무척이나 높은 것이다.

나는 650만 원을 모두 빌려서 다행히 제 날짜에 이사를 했다. 하지만 이자를 감당하기가 힘들어서 2개의 방 중에 하나는 세를 놓으려고 했지만, 설상가상으로 세도 잘 나가지 않았다. 그달에 월급을 받아서 이자를 내고 나니 수중에는 29,000원밖에 남지 않았다. 나는 어쩔 수 없이 친구들과의 관계를 모두 끊고 한남동에서 도곡동 직장까지 걸어서 출퇴근을 했다. 교통비라도 아껴야 했기 때문이다. 이른 새벽에 일어나 직장이 있는 도곡동까지 한남대교를 건너서 출근을 했다. 12월부터 그다음 해 2월 세가 나갈 때까지 3개월간 혹독한 추위에 그렇게 걸으며 하염없이 눈물을 흘린 적도 여러 날이었다.

내가 할 수 있는 모든 것을 아껴가며 3개월 정도를 고생하니 사채 시장이 안정을 찾아가며 내가 내던 이자도 떨어지기 시작했고, 나가지 않았던 세도 나가면서 약간은 숨을 쉴 수 있는 정도가 되었다. 그래도 빚에 허덕이는 건 마찬가지였다. 나는 처음으로 농사를 짓는 아버지를 찾아가 쌀 한 가마니만 달라고 했다. 아버지는 나에게 쌀 두 가마니를 주셨고 그중에 한 가마니를 팔아서 생활비에 보탰다. 돈에 쫓기는 생활은 우리 가족이 한남동을 떠나기 전까지 길게 이어졌다.

어느덧 4년이 흘러 그 집은 1,200만 원으로 올랐다. 만 4년 동안 사채 빚 이자와 원금 일부를 갚으면서 힘든 생활을 했지만, 집이라는 것에 대해 많이 배우고 느낀 시간이었다.

**

회사에 출근하면 항상 여러 개의 신문이 배달되어 있었다. 나는 그중에 경제신문을 매일 읽었는데 그 습관이 지금까지도 이어지고 있다. 하루는 신문을 보는데 강남에 8학군이라는 것이 생긴다는 기사가 있었다. 맹자 어머니가 자식 교육을 위해 세 번 이사를 했다고 하는데 나도 아이들을 위해 좋은 교육 환경을 만들어 주고 싶었다. 한남동 주택을 팔고 도곡동으로 가야겠다는 생각이 들었다.

당시 강남은 이제 막 개발이 시작되는 중이었고, 아스팔트도 듬성듬성 깔린 데다 사람이 살 만한 인프라도 전혀 갖춰져 있지 않았다. 아내는 왜 이런 시골 같은 곳으로 이사를 해야 하냐며 볼멘소리를 했지만, 나는 이곳에 터전을 마련해야 한다는 확신이 들었다. 내가 고를 수 있는 선택지는 도곡아파트, 영동아파트 이렇게 두 곳이었고, 부동산 중개인과 함께 도곡아파트와 영동아파트를 둘러보았다. 그때 시세로 13평짜리 도곡아파트가 1,500만 원, 같은 13평의 영동아파트가 1,800만 원이었다. 중개인은 영동아파트가 좋은 곳이라고 추천했지만, 동과 동 사이가 넓어서 아이들이 뛰어놀기 좋은 도곡아파트가 내 눈에는 더 좋아 보였다. 한남동 집을 팔고 받은 1,200만 원과 누나에게 300만 원을 빌려 도곡아파트를 샀다.

아파트를 사고 그다음 해에 1,100만 원으로 집값이 떨어졌다. 백화점이나 병원이 있는 것도 아니고 제대로 된 인도도 없어서 흙밭에 발이 푹푹 빠지는 곳으로 누가 이사를 오겠는가. 아내는 집값이 떨어졌다며 하소연했지만 나는 아랑곳하지 않았다. 후에 발전될 8학군의 교육현장이 내가 도곡동을 택한 이유였기 때문이다. 압구정동에도 현대아파트가 있었지만 그쪽도 배밭이라 상황은 비슷했다. 강남에 입성해 처음으로 시골에 계신 부모님을 모시고 서울 새 아파트 구경을 시켜드렸는데 그렇게 큰 건물을 처음 보신 아버지는 크다고 하시면서도 뭐 이런 닭장 같은 데서 사느냐고 말씀하셨다. 하지만 나는 오로지 아이들의 미래를 보고 과감히 투자했다.

그러다 노태우가 대통령으로 당선되자마자 집값이 3,000만 원으로 껑충 뛰었다. 나는 집값이 오르는 것을 보고 가장 친한 두 친구에게 강남으로 이사를 오라고 권유했다. 한 친구는 남산 밑에 외인아파트 24평 전세로 살고 있었는데 보증금이 2,800만 원이 넘었다. 그리고 한 친구가 신당동에 집을 산다기에 미래에는 여기가 뜨니 강남으로 오라고 했더니 그런 데서 어떻게 사냐며 거절하고는 6,500만 원에 신당동 집을 샀다. 그 친구는 그곳에서 20년을 살다가 1억 2,000만 원에 집을 팔았다. 나는 강남에서 20년 살고 십수 억대에 팔았는데 말이다. 안타깝지만 이 친구는 여전히 월세를 전전하며 살고 있다.

나는 아이들이 고등학교 1학년이 될 때까지도 13평 도곡 아파트에 살았다. 아들 둘은 안방에서 지내고 딸은 작은 방에서 지내고 우리 부부는 부엌에서 지냈다. 아이들이 점점 자라고 물건도 많아지니 도저히 13평에서는 다섯 식구가 살기 빠듯했다. 나는 아내와 31평짜리 은마아파트를 보러 갔다. 중개인은 우리 부부에게 3곳을 보여주었다. 첫 번째로 보여준 집은 새집처럼 아주 깨끗했다. 아내는 첫눈에 반해버리고 말았다. 두 번째 집은 500만 원이 더 저렴했고 보통 수준의 집이었다. 마지막으로 본 집은 두 번째 집과 같은 금액이었지만 관리가 전혀 안 된 헌 집이었다. 그날 본 세 군데 집은 약간의 차이는 있었지만 모두 매매가가 3억 초반 대였다. 아내는 당연히 첫 번째 집을 마음에 들어 했지만 나는 제일 형편 없어 보이는 세 번째 집을 사기로 마음먹었다.

내가 세 번째 집을 선택한 이유는 이 집의 은행권 담보 금액이 2억 5천만 원 정도 있었기 때문이다. 나는 그 금액을 떠안고 집을 사야겠다고 생각했다. 살던 도곡아파트를 전세로 주고 그 전세금을 보태면 억지로 집을 구입할 수 있었다. 나는 집주인과 부동산 중개인에게 계약 의사를 밝혔다. 집주인은 나더러 먼저 부동산에 가 있으라며 자신도 곧 오겠다고 했다. 그런데 30분이 지나도 집주인이 부동산 사무실에 나타나지 않았다. 그 와중에 옆에서 같이 기다리던 아내가 왜 흥정도 안 해보고 덥석 계약부터 하냐고 성을 냈다.

중개인이 몇 번 전화한 끝에 집주인이 부동산 사무실에 나타났다. 들어서자마자 집주인은 방금 또 다른 사람이 집을 보고 갔다며, 혹시나 집값을 조금이라도 깎고자 하면 방금 집을 보고 간 사람에게 팔겠다고 으름장을 놓았다. 나는 어차피 흥정할 마음이 없었기에 얼른 계약서에 도장이나 찍자고 했다. 그날 별생각 없이 즉흥적으로 집이나 좀 보자 싶어 빈손으로 나온 터라 나에게는 준비된 계약금이 없었다. 부동산 중개인이 계약을 성사시키고 싶었는지 가계약금 200만 원을 빌려주어서 무사히 계약을 치를 수 있었다. 며칠 후 모든 담보 설정 금액을 이어받고 잔금을 치렀다. 3,000만 원 정도를 들여서 집을 올수리했다. 31평의 넓고 깨끗한 집이라 가족 모두가 이사 가는 날 참 행복해했던 기억이 난다. 그렇게 은마아파트에 입주해서 1개월 정도를 살고 있을 때쯤, 전세로 준 도곡아파트의 재건축 승인이 결정되었고 이주비 명목으로 원주민들에게 1억 원을 지급해 주었다. 나는 이주비로 받은 1억 원으로 은마아파트 대출 금액을 갚았다. 내가 은마아파트를 구입한 시점에서 6개월이 채 안 되었을 때, 6억 원 이상으로 집값이 뛰었다. 우스갯소리로 아파트 1채를 그냥 받은 거나 마찬가지였다.

부동산이 돈이 된다는 경험을 몇 번 하고 나서는 5채 정도 집을 가진 적도 있었다. 서울뿐 아니라 구미에도 5층짜리 빌딩, 아파트, 2층 주택 등을 사 둔 것이 있었는데 그것 때문에 아내와 많이 싸웠다. 나는 투자 목적으로 구입했는데 아내는 숨겨둔 가족이라도 있는 줄 알고 나를 의심했고 아무리 사실대로 말을 해도 믿어주질 않았다. 아내의 의심으로 계속해서 싸움이 나서 안 되겠다 싶어 몇 년 가지고 있다가 손실을 보고 팔았다.

아이들의 외숙모가 사별을 하고 몇 년 뒤에 구미 사람과 재혼을 했는데 그 내외와 이야기를 나누다가 아내가 "이 양반이 몇 년 전에 구미에 빌딩, 아파트, 2층 주택 등도 사고 뭐 그랬어요"라고 말하니 거기가 어디였냐고 물었다. 나는 옆에 있다가 "원평동"이라고 대답했는데 "거기 KTX 구미역 생긴 자린데 안 팔았으면 100억이었을 거다"라며 아쉬워했다.

지금은 안 하지만 90년대 초에는 주식 투자도 한 적이 있다. 호황기에 1,300만 원 정도를 투자했는데 회사 일 때문에 객장에 가는 건 상상도 못 했고 퇴근해 집에 와서 뉴스를 보면서 어떤 주식이 올라가고 떨어지는지 보며 신나 하던 시절이었다. 그런데 어느 날부터 내가 산 종목이 곤두박질치기 시작해 10%밖에 안 남았다. 1,300만 원이 130만 원이 된 것이다. 다른 사람들은 다 망했다고 하면서 10%라도 건지겠다고 털어버릴 때 나는 오히려 부도가 나서 바닥을 친 주식 종목들을 더 사들였다. 다행히 얼마 지나지 않아 그 부도가 난 주식이 연속적인 상한가를 쳐 손실을 메울 수가 있었고, 본전이 되었을 때 모든 주식을 팔았다. 나는 돈이 있어서 집을 사고, 땅을 사고 투자하지 않았다. 내가 처음 850만 원짜리 집을 샀을 때 내가 가진 돈은 200만 원에 불과했

101

다. 나머지는 다 빚이었다. 돈이 돈을 벌게 하는 방법을 이용해서 돈이 나를 따르게 만들었다.

　개같이 벌어서 정승같이 쓰라는 말처럼 나는 돈을 벌 때는 힘들어도 써야 될 자리에서는 꼭 쓰려고 했다. 어느 날 집사람이 동창회를 간다기에 처음으로 동행한 적이 있다.
　당시에 타던 아우디 스포츠카로 아내를 데려다주고 동창회 식사비를 아내 몰래 지불했다. 그 일로 아내는 동창생들 사이에서 일약 스타가 되었다. 남편이 아우디 스포츠카 타고 와서 40여 명의 식사비를 모두 내주었으니 다들 얼마나 부러워했겠는가. 아내는 내게 평생 그 일을 참 고마워한다.
　돈은 쓸 때 쓸 수 있어야 좋은 사람을 내 주변에 불러들이고 내 운도 좋게 바꾸어 준다. 돈은 어딘가에 꽁꽁 묶어두고 절대 쓰지 않아야 불려지는 게 아니다. 돈의 속성은 돌고 도는 것이므로 쓰지 않으면 그 생명력을 잃고 만다.
　나는 처음 사회에 나왔을 때 보증금 4만 원에 7,000원짜리 월세부터 시작했다. 사람들은 내가 강남에 살고 수입차를 타고 다니니 자린고비처럼 돈에 인색할 거라고 생각하지만 남들한테는 그런 사람이 아니다. 물론 한 푼도 없을 때는 자린고비처럼 악착같이 모았다. 하지만 어느 정도 돈을 벌고부터는 쓸 돈은 써야 돈이 벌린다고 생각하게 되었다.

　나는 집을 살 때도 한 푼 두 푼 모아서 사지 않았다. 돈 한 푼 없이 원래 집 주인의 빚을 끼고 샀다. 그것도 배짱이다. 돈에 궁색한 생각을 가지고 있으면 절대 돈이 나와 놀지 않는다. 내가 대기업 의류 회사 기획조정부 부장으로 있을 때 영업비다 회식비다 해서 회삿돈을 흥청망청 쓰는 직원들이 있었다. 회삿돈이라면 내 돈 주고 먹지 않을 고급 음식을 사 먹고 아랫사람들에게 법인카드로 생색내는 상사들도 여럿이었다. 회사에서 매장을 하나 오픈하는 데 내가 까딱 잘못하면 회사의 수익이 날아간다는 생각으로 최대한 아껴서 매장 조사를 했고, 점심값으로 법인카드를 받아도 내 밥 먹는 데 왜 회삿돈을 쓰나 싶어서 마음대로 쓰지도 않았다. 직급이 높아지면 직책수당이라는 걸 받는데 회사가 나에게 아래 직원들을 잘 관리하라고 주는 돈이니 목적에 맞게 직원들을 위해 썼다. 내 돈이 아까우면 남의 돈도 아까운 법이다. 내 돈이 아깝다고 안 쓰고 남의 돈을 빼앗아 먹으려고 하면 돈은 당신이 작은 그릇의 사람임을 알고 가차 없이 떠난다.

　나는 부자가 되기 위해서는 습관도 중요하다고 생각하는 사람이다. 늘 부지런하게 움직이고, 가능하면 스트레스를 받고 괴로워도 술을 마시거나 해로운 기호식품을 섭취하면서 몸을 망가뜨리지 않으려고 한다. 나는 그럴 때 남대문·동대문시장이나 새벽시장에 가곤 했다. 12시쯤 그런 새벽시장에 가면 전국에서 물건을 떼러 온 사람들로 북적인다. 모두가 잠든 새벽에 그토록 치열하게 살아가는 사람들이 있다는 걸 눈으로 보고 나면 정신이 번쩍 든다.

"와, 이 시간에도 이렇게 열심히 사는 사람들이 많구나. 내가 겨우 이런 문제로 고민하고 있다니…."

이런 말이 내 입에서 저절로 나온다. 나보다 훨씬 나이가 많아 보이는 사람, 아니면 훨씬 젊어 보이는 사람, 몸이 불편한데도 자신의 몸보다 더 큰 보따리를 이고 지고 가는 모습을 보면 내 삶에 감사하게 된다. 가슴속에 '나도 저렇게 열심히 살아야지' 하는 마음이 가득 차서 돌아온다. 나는 특히 힘들 때 몸을 망가뜨리는 짓은 절대 하지 않는다. 가끔 차를 몰고 좀 더 멀리 가보기도 한다. 강가나 바닷가로 향하는 길에 차 안에서 음악을 크게 틀어두고 잘 못 부르는 노래를 부르며 스트레스를 날린다. 강이나 바다에 도착해서는 차가운 바람을 맞으며 옛날 생각을 한다. 내가 제일 힘들었을 때, 처음 집을 샀을 때, 직장생활하면서 고달팠을 때를 하나하나 떠올려 본다. 그러고 나면 '그래, 그때 이렇게 힘들었을 때도 나는 잘 이겨냈어. 그러니까 지금 이 문제도 아무엇도 아니야. 다시 힘을 내보자' 하고 건강하게 생각한다.

6년 전, 죽고 싶을 만큼 힘들었던 때에도 내가 그 시간을 이겨 낼 수 있었던 건 독서 덕분이었다. 성공한 사람들의 이야기는 내가 다시 일어설 수 있는 힘과 용기를 주었고, '나는 잘될 사람이야, 나는 뭐든지 할 수 있어, 나는 인덕이 좋고 운도 참 좋아' 하며 자기암시를 했다. 매사 '난 지지리도 되는 일이 없어. 난 인덕도 없고 하는 것마다 재수가 없어. 난 왜 이렇게 안 풀릴까' 하는 사람이라면 마음을 한번 바꿔 보길 바란다. 내 마음 하나 바꾸는 데에는 큰돈이 드는 것도 아니고 엄청난 결심이 필요한 것도 아니다.

국내 자기계발 최장기 베스트셀러인 『타이탄의 도구들』이라는 책에 보면 성공한 사람들이 아침에 일어나서 하는 일은 아주 단순하다는 것에 놀라게 된다. 바로 '이부자리 개기'다. 부를 일구고 성공한 사람들은 그런 사소한 것들까지 자기만의 원칙과 습관을 만들고 실천한다.

결국 돈은 그 자체를 추구한다고 해서 얻어지는 것이 아니라 내 몸과 마음이 단단하게 설수록, 또 내 주변의 환경과 사람이 깨끗하고 아름답게 정돈되어 갈수록 점점 더 나에게 다가온다는 사실을 알아야 비로소 얻게 된다.

PART 6

인생의 주도권을
쥐어라

인생의 주도권은 나에게 있고, 선택에 대한 책임 또한 나에게 있다. 인생의 주인공인 내가 주도력을 잃으면 다른 사람의 지시에 끌려다니거나 남의 생각대로 움직이며 살아가야 한다. 그 얼마나 비참한 삶인가. 지금 당신의 인생에 애착이 없고, 그저 그런 하루하루를 보내며 지나치게 남의 눈치를 본다면 다시 인생의 주도권을 되찾아야만 한다.

6

요즘 청년의 연락이 뜸하다. 매일 아침 6시 30분쯤 내가 읽은 책에서 발췌한 좋은 구절을 보내주면 한참 뒤에서야 '좋아요' 표시가 뜨곤 한다. 곧 바빠질 것 같다고 하더니 일이 많은 모양이다.

오늘은 정기적으로 내가 자문을 맡은 회사에 방문하는 날이다. 강남은 차가 많아서 얼마 안 되는 거리도 꽤 많은 시간이 걸린다. 나는 차를 집에 놔두고 지하철을 타기로 했다. 몸에 열이 많아서 얇게 입고 나왔는데 이제 꽤 날씨가 쌀쌀해졌다. '이러다 곧 겨울이 되겠지' 생각하며 지하철역으로 걸음을 재촉하고 있는데 휴대폰이 울렸다. 나는 발신자 이름을 보고는 피식 웃었다.

'이 친구도 양반은 못 되는군.'

"선생님, 그동안 잘 지내셨습니까?"

"어이~ 자네도 잘 지냈시? 많이 바쁜가 봐. 좋은 일이지."

"네, 요즘 이런저런 일들로 바쁘게 지내고 있습니다. 오늘 그 회사 가시는 날이시죠?"

"응, 안 그래도 지금 지하철역으로 가는 중이야."

"오늘 저녁에 시간 괜찮으세요? 저도 오늘 그 근처에서 일이 끝나거든요."

"그래? 난 시간 괜찮아."

"네, 그럼 이따가 제가 장소 보내드릴게요."

"어어, 그래. 이따 보자고."

이 친구가 내게 멘토 제의를 했을 때 하나의 조건이 있었다. 나를 너무 어른 대접하지 말고 그냥 또래 친구를 만나듯 편하게 대해주면 얼마든지 멘토가 되어 줄 수 있다고 했다. 청년이 지금까지는 약속을 잘 지켜주어서 나도 마음 편하게 만남을 지속하고 있다.

회사에 도착해 대표 및 임원들과 회의를 진행하며 현 상황에 따른 조언 몇 마디를 건넸다. 나는 회사의 분위기, 직원들의 눈빛만 봐도 대략 이 회사가 어떻게 돌아가는지 알 수 있다. 과장을 조금 보태서 직원의 행동과 태도만 봐도 '이 사람은 이 회사에 오래 있을 사람이 아니구나. 곧 그만두겠구나. 회사에 애정이 없구나' 하는 것을 느낄 수 있다. 워낙 회사생활을 하며 산전수전, 공중전을 다 겪어서 그런 감각이 나도 모르게 발달한 것 같다.

끌려가는 직장생활만큼 고통스러운 게 없다. 출퇴근 시간부터 시작해서 정해진 일을 하고, 정해진 시간에 밥을 먹고, 정해진 사람들을 만나는 사람들이 대부분이다. 나도 19년이나 직장생활을 했지만 출근 시간을 내가 정하고, 내가 정한 일을 하고, 내가 정한 사람들을 만났다. 철저히 주도적으로 내가 계획한 바대로 직장생활을 했다.

인생도 마찬가지다. 끌려가는 인생만큼 힘든 삶은 없다. 나는 20대 초반에 친구네 가족이 야반도주하는 트럭 짐칸에 올라탄 순간부터 내 삶을 다시 만들어가기로 스스로 다짐했다. 이 가난에 끌려가지 않고 내가 주체적으로 인생을 일으켜 세워보리라 나 자신과 굳게 약속했다. 지금까지 저항도 못하고 끌려온 것들에 대해 다시 주도권을 쥐리라 결심한 것이다.

스스로 자신을 조종하는 끈을 쥐지 못하면 다른 사람에 의해 조종당하며 사는 수밖에 없다. 나의 인생을 스스로 지배할 수 없다면 곧 다른 사람에 의한 피해자 혹은 희생자나 다름없는 것이다. 즉 모든 일상생활에서 나의 감정과 행동

111

이 습관적으로 고스란히 누군가로부터 지배당하는 것을 뜻한다. 희생자 혹은 피해자란 타인의 명령에 의해 생활하는 사람이다. 그들은 늘 아무런 의욕도 방향도 없이 무기력하게 일을 하거나 교묘하고 달콤한 속임수에 빠져 필요 이상의 희생을 당하고, 그로 인해 마음의 평정과 자기 주체성을 잃는다. 또한 사람이나 환경의 어떤 힘에 지배되고 억압받는다. 그러나 그런 힘에 굴복하지 않고 인정하지 않으며 그것에 조종당하는 것을 거부하는 한 희생자, 피해자에서 비로소 벗어날 수 있게 된다. 사실 결코 쉬운 일은 아니다. 인간은 남에 의해서뿐만 아니라 스스로도 갖가지 방법으로 자기 자신을 희생시키고 있기 때문이다.

영화 역사상 가장 위대한 거장으로 꼽히는 마틴 스코세이지가 만든 〈플라워 킬링 문〉이라는 영화를 보면 삶의 주도권을 잃어버린 인물이 주인공으로 등장한다. 1920년대 미국 개척자들에 의해 쫓겨나 삶의 터전을 잃은 원주민 오세이지 부족이 새로운 황무지에 정착했는데 갑자기 그곳에서 석유가 발견되어 막대한 오일머니를 거머쥐게 된다. 그사실을 알게 된 백인들이 원주민들의 순수함과 무지함을 이용해 여러 수법으로 그 재산을 빼앗아 가는 과정을 그린 영화다.

주인공 어니스트는 삼촌 윌리엄에게 조종당하며 살고 있다. 표면적으로는 어니스트를 든든하게 지지해 주는 능력 있는 삼촌이지만, 그의 속내는 어니스트를 이용해 막대한 재산을 가로채려는 음모로 가득 차 있다. 이름처럼 순수하고 정직한(?) 어니스트는 오세이지족 몰리와의 사랑과 삼촌의 탐욕 사이에서 점점 무너져 내리며 삶이 비극으로 치닫는다.

누구나 어릴 때는 나를 보살펴 주는 양육자가 세상의 전부이고, 청소년기가 되면 친구들이 전부가 된다. 사는 동안 주변 사람들이 내 인생에 많은 관여를 하고 영향을 준다. 하지만 나의 중심과 확신을 세우지 않은 채 살면 주변에서 하는 이야기에 휘둘릴 수밖에 없고 방향이 잘못되어도 수정하기가 어려워진다.

나의 아버지는 어머니에게 "한식이 저놈은 쥐새끼같이 약고 똑똑해서 무인도에 갖다 놓아도 어떻게서든 살 놈"이라고 늘 말씀하셨다. 그만큼 세상을 사는 데 나만의 독특한 주관이 있었고, 내 삶에 대한 주도권을 내가 쥐고 살아왔다. 아버지의 사업 실패로 10년 동안 가난에 허덕이며 내 부모조차 이 환경을 바꿀 수 없음을 알고 살길을 스스로 개척했다. 나만의 기준, 나만의 가치관, 나만의 수관을 만들고 주체적으로 내 인생을 살아가는 일은 그래서 중요하다. 주변에서 하는 이야기에 나의 모든 눈과 귀를 닫는 것도 어리석은 일이지만, 적절한 조언으로 받아들일 뿐 나를 좌지우지하도록 내버려 두어서는 안 된다.

**

"선생님 안녕하세요!"

"어, 어서 와. 많이 추워졌지?"

"그러게요. 따뜻하게 입으셔야겠어요. 옷이 너무 얇으신 것 같은데요?"

"하하, 난 몸에 열이 많아서 괜찮아. 매일 운동을 하니까 겨울에도 추위를 잘 모르겠더라고."

"선생님의 자기관리법은 제가 많이 배워야겠습니다! 하하. 아, 참 오늘 올리신 영상 봤는데 너무 내용이 좋더라고요. 아침에 이동하면서 들었는데 그 영상 듣고 하루 종일 생각이 좀 많았습니다. 나는 내 삶의 주도권을 쥐고 있는가…."

"내가 보기에 자네는 주체적으로 사는 것처럼 보이는데?

자기 사업도 하고, 사실 직장생활은 오래 안 해봤다고 하지 않았나? 그럼 대부분의 시간을 자기가 하고 싶은 일을 하면서 보냈을 텐데 그 정도면 주도적으로 살았다고 봐도 괜찮지 않을까?"

"네, 그건 그런데… 지금도 '돈'만을 위해서 일을 하는 건 아닐까 하는 생각을 하거든요. 요즘 유튜브를 봐도 다 돈 이야기뿐이고, 저도 그런 영상들에 많이 끌려서 계속 보긴 하는데 그건 그 사람에게만 돈이 되는 게 아니었을까 싶고, '나에게는 어떤 방향성과 목적이 있는가' 하는 생각이 들더라고요. 그게 없으니까 유튜브 알고리즘에 휘둘리고 그냥 하루하루 돈 버는 일을 하는 것에 급급하고요."

"음… 무슨 말인지 이해해. 나도 처음에는 빨리 돈을 벌어야 한다는 생각을 한 적이 있으니까. 하지만 돈은 그렇게 벌리는 것도 아니고 내가 이 세상을 어떤 마음가짐으로 살아야 할지에 따라 도망가기도 하고 끌려오기도 하는 거라서 지금 자네가 하는 고민을 충분히 해보는 것도 나쁘지 않다고 봐. 어차피 확실한 것이라는 게 없는 세상이잖아. 열렬히 고민해 보라고!"

"네, 지금이 뭔가 그래야 할 시기인 것 같아요."

"내가 갖은 고생과 모함, 협박을 이겨 내고 어렵게 상무이사 자리까시 올라간 회사를 과감히 그만두고 보험설계사를 시작하게 된 이야기를 해 줄까? 난 무슨 일을 시작할 때 돈 생각은 별로 안 해. '내가 왜 이 일을 하고 싶은가'를 생각하지."

"네, 들려주세요. 지금 제 고민을 해결하는 데도 도움이 될 것 같아요."

"회사에서 부서 이동을 한다고 전 직원이 회사 집기를 이리저리 옮기는 과정에서 사고가 좀 있었어. 내가 뭐 뒷짐 지고 사람들한테 시키기만 하는 스타일은 아니라서 나도 같이 무거운 물건을 들다가 허리가 삐끗했지 뭔가. 순간 그 자리에서 주저앉았고 허리에서 엄청난 통증이 느껴지는 거야. 걸을 수도 없고 움직일 수가 없어서 일단 그 자리에서 괜찮아질 때까지 기다렸어. 잠시 후에 안정을 되찾기는 했지만, 허리를 숙이고 펼 때마다 전기처럼 찌릿한 통증이 느껴지더라고. 어쨌든 그날 병원 진료를 보고 며칠 뒤에 내가 보험 가입한 설계사한테 전화해서 치료비에 대한 보상을 받을 수 있는지 확인하게 되었지. 그 당시에 내가 든 보험이 6개 정도 있었거든. 근데 설계사가 물건을 옮기다가 허리를 삐끗한 건 보험 적용이 안 된다는 말만 하고, 제대로 아는 것도 없이 이 핑계 저 핑계를 대는 것처럼 느껴지는 거야. 그래서 내가 들어 놓은 보험 증권이랑 약관을 찾아서 천천히 살펴보기 시작했어. 깨알 같은 글씨로 빼곡하게 보험에 대해 설명되어 있는데 당최 무슨 말인지 알 수가 없더라고. 보험에 대해 문외한이기도 했지만 이 약관을 읽고 100% 이해할 수 있는 사람은 약관을 만든 사람 말고는 없을 거라는 생각이 들더군. 난 의문이 생겼어. 보험 계약을 권유하는 설계사들이 계약에 대한 것에만 신경 쓸 뿐, 약관에 명시되어 있는 보상 관계에 대해서는 잘 모른다는 생각이 들었지. 나는 보험 증권에 있는 약관을 꼼꼼히 읽어보고, 내가 알게 된 사실을 바탕으로 보험사에 직접 치료비를 청구했어. 당시 받은 금액이 87만 원 정도였던 걸로 기억해. 안 된다는 설계사의 말만 들었으면 결코 받아낼 수 없는 돈이었지. 나는 그 일을 계기로 중요한 사실을 깨닫게 되었어. 그리고 '보험을 들기만 하고 제대로 혜택을 보지 못하는 사람들에게 제대로 된 권리를 행사할 수 있게 도와주는 사람이 되면 어떨까' 하는 생각이 들었지. 여기까지 생각이 미치니까 느닷없이 전직을 하고 싶다는 마음이 드는 거야. 계약만을 권유하는 사람이 아니라 내가 설계하고 설명한 보험에 대해서 끝까지 책임을 지는, 남들과 차별화된 설계사가 되고 싶다는 욕망이 올라왔어."

"와, '돈을 벌겠다'가 아니라 '도움을 주겠다'는 마음으로 시작하신 거군요."

"응. 그래서 나는 보상을 받았던 보험사에 다시 전화해서 '설계사를 하려면 어떻게 해야 하나요?'하고 물었어. 근데 직업이 뭐냐고 묻더라고. 나는 한 회사에서 상무이사로 재직 중이라고 했지. 상담원은 '설계사가 되려면 많은 교육을 받아야 해서 직장에 다니면서 설계사가 되는 것은 불가능하고 사표를 쓰고 와야 된다'는 거야. 뭔가 퇴짜를 맞은 기분이 들어서 자존심이 상하더라고. 그래서 그 보험사 말고 다른 보험사에 물어봤어. 근데 여기는 직장에 다니면서도 보험대리점 업무를 할 수 있다고 하는 거야. 나는 어렵게 시간을 내서 그 보험사에 찾아갔어. 근데 보험대리점 교육은 매일 출근하듯이 들어야 해서 열흘 정도 휴가 정도는 낼 수 있냐고 하더라고. 그다음부터는 회사를 다니면서도 보험 업무를 할 수 있다는 말에 당장 회사에 열흘 휴가를 내서 아침부터 저녁까지 보험 교육을 들었어. 첫 교육 담당 대리가 '손해보험 업계는 생명보험이랑 다르게 강제 보험이 많아서 많은 돈을 벌 수 있다'는 거야. '자동차 보험, 가스 보험, 음식물 보험, 유도선배상책임 보험, 유아교육배상책임 보험…' 하면서 설명해 주는데 갑자기 가슴이 뜨거워졌어. 회사 안

118

다니고 이것만 해도 먹고살 수 있겠더라고. 왜냐하면 내 친한 친구 중에는 배를 가진 사람도 있었고, 유치원을 경영하는 친구도 있었기 때문에 친한 친구들이니까 나에게 보험 계약을 맡기지 않을까 하는 확신이 들었거든. 나는 휴가 첫날에 교육 끝나자마자 회사로 가서 한 달 후에 회사를 그만두겠다며 사직서를 제출했어. 회장님이 놀라서 자기 방으로 부르지도 못하고 나를 찾아온 거야. 장 상무가 열흘 연차 휴가를 내서 여행 가는 줄만 알았는데, 무슨 일로 갑자기 사표를 내느냐고. 그래서 다른 일 하려고 한다니까 어차피 의류산업 사양길인데 장 상무가 한다면 자기도 하고 싶다면서 무슨 일을 하려고 그러는지 말해달라는 거야. 그래서 보험설계사 한다고 사실대로 말했지. 나더러 미쳤다더군. 그때 아내도 멀쩡히 잘 다니던 회사 그만둔다고 허리 다치더니 머리까지 돌았냐고 했었어. 난 남들이 뭐라 하든 확신이 들면 그냥 밀어붙이고 그 결정을 무조건 옳은 선택으로 만들어. 그다음 해 연도대상 신인상부터 고객만족CS상까지 상이란 상은 다 받고 3년째부터 억대 연봉 만들어서 10년 동안 연도대상에서 수상을 놓친 적이 없어."

"와, 진짜 대단하세요!"

"보험회사는 각자 한 사람 한 사람이 다 사장이나 마찬가지아. 그래서 자기가 일하고 싶을 때 일하고 아주 자유롭지. 내가 다닐 때만 해도 10시에 전체 조회가 있으니까 다들 출근해서 11시쯤 끝나면 점심 먹으러 나갔다가 술 한잔씩 하고 나면 2시쯤 되어서 사무실에 들어와. 술 마시고 오후 됐는데 일이 될 리가 없잖아. 그냥 퇴근해. 나는 많은 생각을 했어. 사표까지 쓰고 여기 왔는데 그렇게 그 사람들과 어울리기가 싫더라고. 그래서 영업소장한테 아침 조회에 참석하지 않겠다고 했어. 근데 한 달에 2/3는 출근을 해야 신인 정착 수당을 준다는 거야. 출근을 안 하면 안 주고, 처음에는 급여가 없으니까 수당이 있어야 생활이 유지된다는 거지. 그래서 '돈 벌려고 왔는데 매일 술이나 마시는 분위기라 출근하지 않고 업무일지를 쓰면 안 되겠냐'고 했어. 1년만 그렇게 지켜봐 달라고. 소장이 바로 오케이 하더라고. 그래서 나는 매일 아침 8시부터 회사 사장님들 만나러 다니고 저녁에 잠깐 사무실에 와서 오늘 한 일들에 대해 업무일지 쓴 걸 매일 1년간 소장의 책상에 올려놓았어. 그리고 보험교육을 받을 때 사무실을 방문한 적이 있는데 가만히 보니까 전화벨이 울리면 사무실에서 일을 하는 동료들이 아무나 전화를 받는 거야. 그래서 나는 생각했어. '저렇게 오는 전화를 나에게까지 전달해줄까?' 아무리 생각해도 신입인 나한테까지 전달이 안 될 것 같은 거야. 그래서 나는 두 대의 전화를 개설했어. 한 대는 내 휴대폰으로 돌려놓고, 한 대는 내 팩스 전용이었지."

"보험 개척이 힘들다는 말을 많이 들었는데 선생님은 어떻게 하셨어요?"

"내가 고객을 만나보니까 보험이 필요해서 나를 만났더라도 그 자리에서 바로 계약이 잘 안 돼. 왜냐면 고객마다 필요사항이 다르니까 이걸 사무실에 가서 설계를 하고 다시 날을 잡아서 고객을 만나야 하잖아. 그럼 벌써 고객의 마음이 변해 있어. 그래서 생각한 게 설계하는 직원을 하나 쓴 거야. 입사한 지 2달도 안 된 사람이 55만 원 주고 직원을 쓴 거지. 주변 설계사들이 '입사 2달짜리가 회사 상무 했었다고 폼생폼사네, 직원까지 다 쓰고…. 수당 얼마 되지도 않는데 직원까지 쓰면 남는 게 있나? 직원은 맨날 앉아서 놀기만 하던데…' 하면서 다들 비꼬고 그랬어. 나는 그런 프로 참견러들한테 '제가 다 생각이 있어서 계획하고 하는 일입니다. 신경 써주셔서 감사합니다' 하고는 고객을 만나면 그 직원에게 전화해서 이렇게 이렇게 설계서 보내달라고 했어. 고객을 만난 자리에서 설계서가 바로 나오니 고객을 하나도 안 놓치고 다 계약할 수 있었지. 그렇게 하니까 지점에서 매

121

달 1등이었어. 거기서도 역사를 쓴 셈이지.”

“아무도 생각하지 못한 방식이었네요.”

“그 지점 역사상 그렇게 한 사람은 내가 처음이었어. 그리고 나는 어디를 가든지 인사도 열심히 하고 다녔어. 보험설계사라서가 아니라 원래 누구를 만나든 폴더 인사가 습관이야. 그냥 고개만 까딱거리는 인사는 안 해. 상대가 나보다 젊어도 난 폴더 인사야.”

“맞아요. 선생님 처음 뵀을 때도 저한테 허리 굽혀 인사하셔서 좀 놀랐어요.”

“보험회사 밑에 식당이 있었는데 거기 자주 가서 밥을 먹었어. 나는 항상 거기 들어가면서 종업원한테도 폴더 인사를 했었지. 어느 날 거기 사장님이 이따 오후에 3시쯤 한번 오라는 거야. 할 얘기가 있다고. 그래서 알겠다고 했지. 그날 오후에 약속한 시간에 내려갔어. 대뜸 보험 하나 들겠다는 거야. 이 식당에 보험회사 사람들이 밥 먹으러 많이 오는데 나처럼 인사를 예의 있고 착실히 하는 사람을 본 적이 없다면서 보험을 들어도 나한테 들어야겠다고 생각했대. 그런 식으로 나중에는 내가 가만히 있어도 보험 들어주겠다는 사람이 많이 생겨났지.”

지금 내가 기업 컨설팅을 맡고 있는 회사 대표님들과의 친분은 대부분 보험설계사를 하며 만들어졌다. 다들 나와 10~20년 알고 지낸 분들이다. 작년에 어느 업체 사장님은 취미로 감 농사를 짓는다며 내게 2상자를 보내주셨다. 먹어보니 아주 달고 맛있어서 좀 팔아드려야겠다 싶어 올해는 20상자를 주문했다. 그런데 돈을 받지도 않고 보내주셨다. 나는 "주변에 나눠주려고 주문했는데 이러시면 제가 죄송해져서 앞으로 감 주문을 못한다"고 했더니 "여러모로 내가 장 선생한테 신세 지는 것이 많아서 괜찮다"고 하시는 게 아닌가. 나는 한우 등심을 사서 사장님께 보냈다.

사람은 서로 나누고 살 줄 알아야 주변에 사람이 모이고 그것이 또 돈으로 연결되는 것이다. 사람을 돈으로만 보거나 받을 줄만 알아서는 인생이 재미없어진다. 결국 사람은 사람과 함께 살아야 하는데 나이 들어서 주변에 아무도 없으면 그것만큼 불행한 일이 없다.

행복은 남이 만들어주는 것이 아니다. 내가 주도적으로 만드는 것이다. 사랑은 내가 받으려고만 하면 받을 수가 없는 거고 사랑은 줘야 받을 수 있다. '시기가 어려우니까, 내가 처한 환경이 이러니까' 하며 주어진 대로 살면서 '나는 불행해. 나는 뭐 되는 일이 하나도 없어. 나는 왜 이렇게 안 될까. 나는 왜 운이 없을까?' 하는 사람과 친해지고 싶은 사람은 세상 어디에도 없다. '나는 하는 일이 다 잘돼. 난 이렇게 많은 사람들이 따라. 난 인덕이 있어'라고 생각하면 어느새 사람들이 내게 몰려온다. 구차하게 남의 것, 남의 밥 얻어먹으려고 하지 않고 품위 있게 받은 것보다 더 많이 돌려주려고 하면 나 스스로도 인격적으로 성장하고 남에게도 존경받는다.

***

우리는 한동안 카페에서 많은 이야기를 나누었다. 청년이 하는 일에 대해서도 들어주며 내가 해 줄 수 있는 조언들을 건넸다.

"근데 선생님, 선생님은 사업하실 생각은 안 해 보셨어요? 사업하시면 진짜 잘하실 것 같은데…."

"섬유 사업을 잠깐 하긴 했었어. 내가 대기업 다니면서 해외 출장도 많이 가보고 여행도 많이 가봤는데 섬유 사업이 사양길이었고 미래가 불확실하더라고. 그래서 그쪽은 아니라는 결론을 내리고 접었지. 직장에서 탈출하고 싶어서 이것저것 도전한 것도 많아. 내가 직장 다니면서 당구장 했었다고 말한 적 없지?"

"아! 당구장을 하셨어요?"

"응. 당시에는 당구장이 잘됐거든. 근데 담배 연기로 자욱한 그런 당구장 말고 깔끔하고 쾌적한 당구장을 한번 해 보고 싶더라고. 그래서 90년대 중반에 중곡동에 있는 신축 상가 72평 점포를 보증금 3,000만 원 월세 120만 원에 얻었지. 인테리어 비용으로 5,000만 원, 최고급 당구대 10개를 포함해서 당구 시설만 4,000만 원이 더 들어갔어. 나는 당구도 칠 줄 모르고 당구에 대한 지식이 전혀 없는 문외한이었어. 그렇게 패기 있게 오픈했는데 적자에 적자만 거듭했지. 하루에 손님이 10명 안팎으로 오는 날이 대부분이었고, 파리만 날리는 날도 많았어. 나는 회사 일 끝나고 투잡으로 하는 거라 손님들과 어울리며 친해지기도 힘들고, 혼자 온 손님은 주인이 함께 당구도 쳐주고 그래야 하는데 나는 그러지도 못하는 상황이었거든. 3개월 동안 적자를 보고 있던 어느 날 '계속 이래서는 안 되겠다'는 생각이 들더라고. 어떤 묘수를 찾아야만 했지. 나는 당구협회를 찾아갔어. 그냥 무작정 찾아가서 '당구장을 개업했는데 묘기당구대회를 우리 당구장에서 유치하고 싶다'고 말했지. 협회 관계자가 다행히 허락해 주더군. 대신 200만 원을 협회에 내야 되고, 경품으로 나갈 상품도 직접 준비하라는 거야. 그래서 1등 신수에게는 금 세 돈, 2등은 두 돈, 3등은 한 돈을 주기로 했어. 그리고 대회 날 당구장에 방문하는 모든 고객에게 나눠 줄 타월도 제작하고 참여한 사람들에게 식사까지 대접했어. 큰 비용이 들어도 더 이상 적자를 볼 수는 없으니까 밀어붙였지. 대회 오픈 전까지 날마다 퇴근 후 밤이면 당구장 홍보용 전단지를 돌리고 다녔어. 다행히 당구대회 날에 진짜 많은 사람이 왔고, 내 조카도 대회에 참석해서 3등을 하고, 아무튼 오픈 이래로 사람이 북적대니까 좋더라고. 처음 온 사람들도 당구장 시설이 깨끗하고 좋다면서 칭찬이 자자했지. 그렇게 짧은 시간에 우리 당구장은 입소문이 났고, 매일매일 만석이라 대기 인원까지 받는 상황이 되어버렸어. 정확히 당구장을 연 지 6개월 만에 손익분기점을 넘겼지."

"6개월 만에 거의 1억을 버신 거네요."

"근데 참 인생이란 게 재미있더라고. 그렇게 잘되니까 우리 당구장 옆 신축 건물에 또 당구장이 들어온다는 거야. 그 사람도 참 어리석은 게 당구장이 있는데 그 옆에 당구장을 또 차리면 같이 죽자는 것밖에 안 되잖아. 나는 상가 부동산을 수소문해서 무작정 그 사람을 찾아갔어. 역시 당구장 옆에 새로운 당구장을 열겠다는 사람답게 대화가 전혀 통하지 않더군. 나는 이러다가 둘 다 망하니 생각을 달리해 보라고 말했지만, 무슨 자신감인지 자기는 당구도 잘 치니까 자기 당구장만 살아남을 거라고 하는 거야. 나는 하는 수 없이 고민을 좀 하다가 다른 제안을 했어. 우리 당구장을 싸게 줄 테니, 우리 당구장을 인수하라고 말이야. 근데도 내 말은 뒷등으로도 안 듣더라고. 나는 불 보듯 뻔한 상황이라 당구장을 그만두기로 했어. 당구 시설을 설치해 준 업체에 전화해서 이 시설을 매각하면 얼마를 줄 수 있느냐고 물었더니 1,500만 원을 줄 수 있다고 하더라고."

"4,000만 원에 샀는데 불과 6개월 만에 1,500만 원이요? 너무 아깝네요."

"그래서 안 팔고 벼룩시장 같은 신문에 당구 시설을 급매한다는 광고를 냈어. 몇 군데서 전화가 오더라. 700만 원에 당구장 경영하겠다는 사람에게 매각했지 뭐."

"네? 업체에서는 1,500 준다고 했는데 안 파셨잖아요. 근데 700에 파셨다고요?"

"하하, 웃기지? 근데 이유가 있었어. 내가 1,500만 원 받고 당구 시설을 매각하면 나는 당구장이 팔릴 때까지 월세를 물어야 했거든. 손해를 보더라도 700만 원에 매각하면 당구장 임대계약 만기까지 매월 월세를 내지 않으니 바로 털어버릴 수 있어서 그렇게 했지. 당시 아내는 내게 미쳐도 단단히 미쳤다는 말을 했어. 1,500만 원 준다는데 700만 원에 파는 바보가 어디 있냐고. 그래서 결국은 1년 후에 내 당구장을 인수한 사람과 옆 건물에 새로 들어온 사람 모두 망했어."

"결국은 그렇게 됐군요…."

"난 사업 안 해도 지금 이렇게 컨설팅하면서 사는 게 훨씬 편해. 너무 좋아. 시간도 자유롭고 돈도 되니까. 괜히 내거 하면 스트레스받고, 직원들 관리해야 되고, 자본도 필요한 걸 뭐하러 해. 그냥 내가 가진 노하우만으로도 이렇게 잘먹고살 수 있는데 말이야."

***

"선생님 살아오신 이야기를 들으면 불도저 같은 면이 있으신 것 같아요."

"그냥 내 인생이니까 내 맘대로 한번 살아보고 싶었어. 어릴 때는 내 인생을 내 맘대로 살지 못했으니까. 지금도 나는 전혀 후회가 없어. 무엇을 하든 최선을 다했고, 내 신념대로 행동하며 살았으니까. 내가 살면서 가장 어렵다고 생각하는 게 뭔지 아나? 우리 큰아들이 다른 사람들한테 '가장 존경하는 분이 아버지'라고 했대. 난 그게 가장 힘들어. 아들이 존경하는 그 사람이 계속 되어 줘야 하잖아. 내가 보험설계사 하기 전에 회사 다니면서 잠깐 새벽에 신문 배달을 한 적이 있어. 일요일에는 가끔 큰아들, 막내아들 번갈아 가면서 같이 배달하고 그랬는데 하루는 막내아들을 데리고 새벽에 나왔지. 아들한테 그랬어. '새벽에 아빠처럼 신문 배달하는 사람, 택시 운전하는 사람, 거리를 청소하는 사람… 이렇게 많은 사람들이 있단다. 너도 세상에 꼭 필요한 사람이 되거라.' 그랬더니 막내아들이 그러더라고. '저는 세상에서 아빠가 가장 훌륭하다고 생각해요. 직장에 다니시면서 새벽에 신문 배달하시고 저희들 학비와 용돈까지 주시는데 불평 한번 하지 않으시니까요. 감사합니다, 아버지. 사랑합니다.' 아들의 그 말에 울컥하더라고. 난 힘들 때 막내아들이 해 준 말을 떠올리면 용기가 생겨. 한편으로는 내가 항상 틀림없는 사람이 되어야 하고, 삐뚤어진 걸 보이면 안 되니까 나를 자꾸 그런 사람으로 훈련하게 되는 것도 있고. 사실 앞으로도 그게 나한테는 제일 힘든 일이 되겠지."

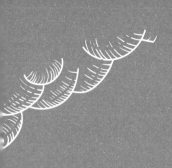

PART 7

감사를 입에 달고
사는 사람은 잘된다

결핍의 반대는 감사다. 나는 '감사'가 인간이 가진 가장 밝은 감정이라고 생각한다. 힘들고 고통스러운 상황에 있는 사람일수록 감사하는 마음을 내야 하는 이유가 여기에 있다. 무엇을 가져야만 시작할 수 있는 게 아니다. 아무런 바람 없이 그저 현재에 감사하자. 그러면 만족스러운 감정과 함께 그 감정에 어울리는 일들이 펼쳐질 것이다.

7

자식들에게 쓸데없이 잔소리를 늘어놓는 아버지는 아니지만, 가끔 지금도 시집 장가간 아이들에게 하는 이야기가 딱 하나 있다. "'미안합니다, 죄송합니다, 고맙습니다, 감사합니다, 사랑합니다' 이 다섯 가지 단어는 항상 입에 달고 살아라"라는 말이다.

몇 년 전, 일주일 차이로 손자, 손녀 두 명의 백일 잔치가 있었다. 온 가족들과 가까운 지인들이 모여 식사를 하고 내가 그 비용을 내주었다. 적지 않은 금액이었다. 아들은 "백일에 아버지 큰돈을 쓰셨는데 감사합니다"라고 연거푸 고맙다는 말을 표현했지만, 딸은 내게 고맙다는 말을 한번 해주지 않았다. 마음이 조금 서운했다. 그러다 어느 날 며느리와 딸이 아이들을 데리고 우리 집에 놀러 왔다. 한참 낯을 가리던 손녀는 나를 보기만 하면 울고, 손자는 나를 보며 방실방실 웃으니 나도 덩달아 기분이 좋았다.

"현준아, 너는 할아버지를 보고 이렇게 방실방실 예쁘게 웃는데 우리 로아는 울기만 하는구나."

옆에 있던 딸이 내 말을 듣고는 대뜸 나에게 "아빠, 우리 애는 왜 안 예뻐해 줘?"라며 화가 난 목소리로 따지고 들었다. 며느리가 옆에 있다가 멋쩍었는지 슬쩍 자리를 피해 주었다. 나는 속상하고 마음이 아팠지만 그 자리에서는 꾹 참았다.

다음 날, 출근을 했다가 퇴근하여 집에 돌아왔는데 딸이 또 우리 집에 와 있었다. 나는 기회다 싶어서 편하게 아이를 불렀다.

"너 아빠랑 이야기 좀 하자."

"네, 아빠."

"너 아빠가 네 할아버지한테 말대꾸하는 거 본 적 있니?"

"아뇨."

"그럼, 할아버지한테 대드는 건?"

"그것도 본 적 없어요."

"근데 어제 너는 왜 새언니 있는 데서 아빠한테 그렇게 소리를 지르고 그랬니? 너한테 참 실망했다."

"죄송해요."

"그리고 또 한마디 하자면 네 오빠나 동생은 아빠가 밖에서 밥만 사도 '감사합니다' 하고 항상 인사하는데 너희 부부는 며칠 전 로아 백일 잔치를 아빠가 비용을 다 해줬는데도 고맙다는 말 한마디 안 하더라."

"아빠 그때는 진짜 경황이 없었어요."

"네 오빠나 동생은 너처럼 좋은 대학은 안 나왔어도 경우가 있고 인성이 되어 있어. 아무리 학벌 좋고 좋은 직장 다니면 뭐하니? 태도가 잘못되었는데…. 아직 내가 돈을 버는데도 네가 이렇게 큰소리를 치는데 나중에 아빠가 더 나이 들어서 돈도 못 벌고 누워 있으면 어떨지 겁난다. 그런 대우할 거면 앞으로 우리 집에 오지 말아라!"

"아빠, 잘못했어요…."

딸은 눈물을 뚝뚝 흘리며 내게 연신 죄송하다고 했다. 그 모습을 보는 내 마음도 쓰렸다. 그다음 날 사위에게서 전화가 왔다.

"아버님, 서운하게 해 드려서 죄송합니다. 저도 아이 백일 때 경황이 없어서 제대로 인사를 못 드렸습니다."

"자네 처남들은 항상 고맙고 감사한 것을 표현해. 세상을 살아가는 데 꼭 필요한 말이 뭔 줄 아는가? '미안합니다, 죄송합니다, 고맙습니다, 감사합니다, 사랑합니다' 이 다섯 가지 말이야. '가족이니까 다 알겠지' 하는 마음을 가지면 안 돼. 가까운 사이일수록 표현하면서 살아야 하는 거야. 사랑은 표현해야 알지 말 안 하면 아무도 몰라."

"네, 아버님. 명심하겠습니다. 죄송합니다."

나에게도 피를 나눈 형제들이 있다. 같은 부모 밑에서 나왔고 같은 어린 시절을 겪었는데도 아직 거지 근성에서 벗어나지 못한 형제들이 있다. 받는 것만 좋고 남이 주는 것만 바란다. 나에게 실컷 받았는데도 고맙다는 말은커녕 "형이 해 준 게 뭐 있어?"라고 말한다. 참 안타깝다. 나는 내가 땀 흘려 일한 것이 아니면 관심이 없어서 흔한 복권 한 장도 사 본 적이 없다. 그건 내 것이 아니라고 생각하기 때문이다.

나는 인성이 실력보다 중요하다고 생각한다. 나는 회사에서 아랫사람을 채용할 때도 그 사람이 가진 능력보다는 인성과 태도를 보려고 많이 노력했다. 실력이 아무리 뛰어나도 인성을 뛰어넘을 수는 없기 때문이다. 물론 인성과 실력을 겸비하면 더할 나위 없이 좋은 인재이지만 그런 사람은 흔치 않다. 축구선수 손흥민과 야구선수 오타니 쇼헤이가 전 세계적인 월드클래스가 된 데에는 실력 못지않은 뛰어난 인성이 한몫을 했다고 본다.

한국 피겨 역사를 새로 쓴 여왕 김연아와 전 세계 팬들이 사랑하는 축구선수 손흥민은 경기를 시작하기 전 항상 기도를 한다. '1등 할 수 있게 해 주세요. 금메달 딸 수 있게 해 주세요. 실수하지 않게 해 주세요. 점수가 잘 나오게 해 주세요' 하는 바람의 기도였을까? 절대 아니다. 그들의 기도 내용은 바로 이것이다.

"제가 이 자리에 건강한 모습으로 설 수 있게 해 주서서 감사합니다."

"저에게 뛸 수 있는 기회를 주서서 감사합니다. 경기가 끝난 뒤에도 축구에 대한 행복을 잃고 싶지 않습니다."

두 사람은 결과에 대해 기도하기보다 지금 이 순간, 이 자리에 있을 수 있음에 감사했다. 그러니 성공할 수밖에 없는 것이다.

***

하버드대학 교수인 프란체스카 지노는 전문가들에게 학생들의 입사 지원용 자기소개서를 검토해달라고 부탁했다. 학생들은 전문가들의 의견을 구한 후에 또 다른 자기소개서도 검토해달라고 요청했다. 그러자 32%의 전문가만이 이에

동의해 수었다. 하지만 학생들이 부탁 메일에 그들의 첫 번째 피드백에 대해 '정말 고맙습니다, 진심으로 감사드립니다!'라는 한 줄을 추가하자 66%의 전문가가 두 번째 검토도 기꺼이 해 주겠다는 응답을 했다. 단순히 감사를 표현한 것뿐인데도 긍정적인 대답이 2배로 증가한 것이다.

더 놀라운 결과도 있다. 어느 학생이 전문가에게 도움을 청한 후 다른 학생에게도 같은 전문가에게 도움을 청해보도록 시켰다. 만약 그 전문가가 첫 학생에게 '진심으로 감사합니다'라는 인사를 받았다면 또 다른 학생을 도울 확률이 25%에서 55%로 크게 증가했다. 다시 말해, 누군가에게 감사 표시를 받게 되면 사회적 인정을 받았다고 느끼며 남에게 기꺼이 도움을 주려는 확률이 2배 이상으로 늘어난다는 의미다. 자그마한 감사 표시만으로 이처럼 전혀 모르는 사람을 도울 가능성이 커진다는 것이다.

감사하는 마음은 우리 신체에도 긍정적인 영향을 준다는 연구 결과가 있다. 감사하는 마음만 가져도 우리 몸에서는 4가지 긍정 호르몬이 분비된다고 한다.

첫 번째는 엔도르핀이다. 웃을 때도 분비되는 이 호르몬은 진통 효과, 면역력 증강, 스트레스 해소뿐 아니라 암을 죽이는 세포를 증가시키고 심장질환이 생기는 확률을 낮춘다고 알려져 있다.

두 번째는 세로토닌이다. 세로토닌은 행복 호르몬이라고 불리며 마음의 안정을 유지해 준다. 세로토닌이 부족하면 우울감, 불안감, 긴장감 등이 생기고 심할 경우 만성적인 스트레스와 두통, 불안장애까지 일으킨다. 감사를 일상화하면 이러한 문제들에서 벗어날 수 있는 것이다.

세 번째는 도파민이다. 이 호르몬은 주로 자극에 의해 분비되는데 우리 신체를 부드럽고 원활하게 하는 데에도 작용한다.

네 번째는 다이돌핀이다. 일명 감동 호르몬이라고도 불린다. 엔도르핀의 4,000배 효과를 가진 호르몬으로 알려져 암을 치료하거나 면역력을 강화하는 데 효과가 있다고 한다.

『탈무드』에 이런 말이 있다.

"세상에서 가장 사랑받는 사람은 모든 사람을 칭찬하는 사람이요, 가장 행복한 사람은 감사하는 사람이다."

매사에 감사하는 마음을 가지는 것이 힘들다고 말하는 사람들에게 이야기해 주고 싶다. 감사하는 것만큼 쉽고 빠르게 인생을 바꿀 수 있는 것은 없다고. 나는 매일 새벽 일어나서 책을 읽을 수 있음에 감사하고, 유튜브 영상을 만들고 나를 찾아주는 사람들을 만나는 하루에 감사한다. 감사하는 마음은 교만해질 수 있는 나 자신을 다잡아주는 소중한 의식이나 마찬가지다.

세상에는 당연한 것이 아무것도 없다. 내 곁에 건강한 가족들이 있는 것도 감사하고, 나이가 들어서도 자유롭게 일할 수 있음에 감사하고, 넓고 편안한 집에서 생활할 수 있는 것도 감사하고, 집 주변에 필요한 것들이 모두 갖춰져 있는 것도 감사하고, 이 모든 것을 누릴 수 있는 건강이 있어서 감사하다. 살다 보면 어느 순간부터 모든 게 당연하다고 느껴지게 된다. 그러면서 인생에 어려움이 닥쳐온다. 겸손과 감사는 같은 말이다. 겸손한 마음으로 내 존재와 내가 누리는 것들에 감사하는 마음을 가져 보자.

사람들이 고통을 겪으면서도 변하지 않는 이유는 무엇일까?

그것은 그들이 아직 충분한 고통을 겪지 않았기 때문이다.

그들은 이른바 '감정 한계치'에 도달하지 않았다.

당신이 심각한 관계의 파괴를 경험하고 나서

드디어 당신 내면에 있는 개인의 힘을 끌어내 행동에 돌입하며

당신의 삶을 바꾸기로 결단한 적이 있다면,

그것은 아마도 그때 당신이 겪은 고통을

더 이상 되풀이하고 싶지 않았기 때문일 것이다.

우리는 살면서 "지긋지긋해. 더 이상은 안 돼.

이제 바뀌어야 해"라고 말했던 때가 있었을 것이다.

그때가 바로 '고통이 우리의 친구가 되는 마법'의 순간이다.

그때 비로소 우리는 새로운 행동을 취하고 새로운 결과를 만들어 낸다.

그리고 그 순간의 변화가 우리의 삶에 큰 기쁨을 가져다줄 것이라고

기대하기 시작하면서 훨씬 더 강력한 행동을 취하게 될 것이다.

『네 안에 잠든 거인을 깨워라』 중에서

PART 8

당신은 지금
못할 것이 없다

실패가 두려워서 도전조차 하지 않으면 아무것도 얻을 수가 없다. 오늘 내가 어떤 생각을 하고 어떻게 행동하느냐에 따라서 경험하게 될 내일과 미래가 완전히 바뀔 수 있다. 할 수 있다고 생각하는가? 그럼 할 수 있다! 할 수 없다고 생각하는가? 그럼 할 수 없을 것이다.

8

"선생님 삶은 도전의 연속이었군요!"

"도전 없는 성공은 없지."

"저는 제 자신이 맘에 안 들어서 변화하려고 노력을 많이 하는 편이에요. 자기계발서도 읽고, 자기계발 영상도 보고, 명상도 하고…. 근데 제가 변화하고 있는 건지 잘 모르겠어요. 늘 제자리걸음인 것 같아요."

"일단은 자기 자신이 잘못되어 있다는 생각부터 놓아주는 게 좋을 것 같아. 남들과 비교해서 내가 잘못되어 있고, 부족한 것 같고, 못나 보이니까 바뀌려는 거잖아."

"네, 그런 면도 있어요."

"나도 자기계발에 관심이 많아. 책도 매일 그 분야만 읽어. 나도 나한테 관심이 많거든? 그래서 나를 바꾸려는 노력을 많이 해. 근데 난 내가 맘에 안 들어서 바꾸려고 하는 게 아니라 성장하고 발전하는 인간이 되고 싶어서 노력했어. 지금의 나도 괜찮지만 좀 더 완성되어 가는 인간이 되고 싶었달까….”

“아…. 저도 그렇게 생각을 바꿔야겠어요.”

“응. 빨리 다 이루려는 조급함도 버려. 난 밑바닥에 있을 때 평범해지는 게 꿈이었어. 평범해지고 나서는? 비범해지고 싶었지. 그러니까 지금 스스로 자신감도 없고, 자신에 대한 신뢰감도 없고, 제대로 된 성취감도 느껴본 적이 없다면 그런 것부터 하나하나 쌓아가는 노력을 해봐. 그게 시작이야. 처음부터 큰 걸 얻으려고 하지 말고 한 번에 다 이루려고도 하지 마. 내가 보기에 자네는 조급해 보여.”

“네, 맞아요. SNS 같은 걸 보면 제 인생에 대해 불안과 좌절감이 들고 평생 아무것도 이루지 못하면서 살까 봐 두렵기도 해요.”

“나는 맨 처음에 내가 살아야 할 목적을 분명히 정했어. ‘가난에서 벗어나자!’ 이것을 위해서 열심히 일하고 일해서 번 돈을 차곡차곡 모았지. 두 번째로 세운 목적은 ‘내가 만든 가정을 행복하게 가꾸자!’였어. 가족들이 편안하고 안전하게 살 수 있는 집을 사고, 자식들이 좋은 교육을 받을 수 있는 곳으로 거주지를 옮기고 하면서 내가 세운 목적을 이루기 위해 집중했어. 사람은 가진 에너지가 한정되어 있잖아. 이런저런 곳에 에너지를 소모하지 않고 내가 목표한 것을 이루는 데 집중할 필요가 있어. 그렇게 자네도 한번 목적을 정해보는 게 어때?"

"저는 두루뭉술하게 '잘살고 싶다', '돈이 많았으면 좋겠다' 이런 생각이 전부였는데 선생님 말씀을 듣고 보니 분명한 목적도 없이 살고 있었네요."

"그런 게 없으면 그냥 하루하루 되는 대로 살 수밖에 없잖아."

"네, 맞아요."

"내가 보험설계사 되고서 제일 처음 했던 게 입사 교육받고 나서 자기 자신에게 보내는 편지에 '나는 1년 후 연도대상 신인상을 타겠다. 나는 1년 후에 지금의 연봉을 벌겠다' 이런 거 썼다고 했잖아. 그게 목적이지. 그것만 바라보면서 달렸던 거야. 그걸 이루기 위해 내 하루하루를 쓰는 거지. 나는 아침에 출근하면 지점에서 누가 제일 잘하는지 확인하고 내 마음속 경쟁자로 삼았어. 무조건 그 사람보다는 잘해야 하니까 영업 초기에는 자정 이전에는 집에 들어가지도 않았지. 암튼 내가 할 수 있는 최선을 다했어. 그래서 지점 역사상 신인상을 3번이나 수상한 사람으로 기록됐지."

"와!"

"근데 그런 화려한 결과 뒤에는 눈물도 많았어. 나는 주로 중소기업체를 개척하면서 영업을 했는데 한 400여 군데 돼. 전국적으로 쫓아다니니까 밥을 제때 먹기가 힘들더라고. 그래서 내가 생각한 게 건빵이었어. 커다란 건빵을 한 봉지 사서 뒷좌석에 놓고 배고플 때마다 건빵이랑 물이랑 먹으면서 전국을 다녔어. 나는 아침 첫 영업을 8시에 시작했거든. 전날 아무리 야근을 했어도 다음 날 무조건 8시에 고객을 방문했어. 지방도 마찬가지야. 부산이면 전날에 도착해서 다음 날 8시에는 무조건 그날 첫 고객을 찾아갔어. 한번은 월요일에 집에서 아침 6시경 출발해서 강릉에서 일하고, 대전에 들러서 일하고, 경남 진주에 도착하니까 월요일 저녁 8시더라고. 저녁 식사하고 숙소에 들어가서 쉬고는 화요일 아침 8시부터 진주에서 일하고 마산, 창원, 김해, 부산, 울산에서 일을 마치니까 화요일 밤 10시야. 서울 일이 걱정이 돼서 그 길로 달려오니까 수요일 새벽 2시 30분이었어. 3일간 운전한 거리만 1,700km였다고. 상상이 돼? 정말 나도 놀랐어. 이렇게 전국을 다니다 보니 서울, 경기, 천안, 청주, 충주, 대전, 조치원, 전주, 유성, 광주, 목포, 진주, 마산, 창원, 김해, 부산, 울산, 대구, 구미, 안동, 동해, 강릉, 춘천 등 전국 각지의 중소기업체 사장님들을 많이 만났지."

"아, 그래서 기업 컨설팅까지 연결이 되셨군요."

"응, 맞아. 내가 회사 다닐 때 경리부만 빼놓고 다 해봤잖아. 생산부, 관리부, 영업부, 기획부 다 있었다고. 나는 회사에서 시키는 일만 하는 사람이 아니었어. 나중에 최고경영자가 되고 싶다는 꿈을 품고 내가 자진해서 다른 부서에 보내달라고 해서 여기저기 옮겨 다녔지. 나는 누가 물건 주고 어디 가서 팔아오라고 하면 팔 자신 있어. 암튼 그렇게 여러 부서 경험이 많으니까 사장님들 만나면 내가 조언해 줄 수 있는 것들이 많지. 그래서 고문 변호사처럼 정기적으로 내가 경영관리해 주는 기업들이 몇몇 있어. 남들 다 은퇴한 나이에도 할 수 있는 일이 있으니 얼마나 재미있어."

***

"선생님 요즘에도 강의하세요?"

"아, 요즘에는 기업 컨설팅에 집중하느라 강의는 많이 줄었어."

"선생님 자격증도 진짜 많으시잖아요. 그런 것도 다 목적이 있으셔서 배우셨겠죠?"

"바리스타 자격증, 드론 자격증, 유아체육, 수맥상담사, 심리상담사, 트레이너 자격증… 뭐 많지. 다 필요해서 배웠어. 난 배우는 게 습관이야. 그런 거 도전하는 것도 재미있고…. 내가 무슨 자격증을 딸 때는 다 목적이 있었어."

"요즘에는 뭐 배우세요?"

"지난번에 AI 과정 공부했고, 예전에는 자기계발 강의를 많이 했었지."

"근데 강의는 어쩌다가 하시게 된 거예요?"

"아, 그거? 내가 책을 많이 읽기도 하고…. 회사 입사하고 일주일 만에 사람들 앞에서 발표시켜서 망신당한 적이 있었잖아. 내가 그날 저녁부터 웅변학원 다니면서 말발이 느니까 회사에서 말을 조리 있게 설명을 잘한다고 직원교육을 다 나를 시켰어. 사내 강사부터 시작한 거지. 나중에는 회사뿐만 아니라 외부에서도 강의하고, 내가 성당을 다녔는데 거기서도 외부에 강사로 소개를 많이 해줬어. 보험설계사하면서는 기업체 강의도 많이 했고, 교직원 대상 강의도 있었고, 최소 몇십 명부터 450명 놓고도 강의해 보고 그랬지. 강의 경력은 얼추 한 20년쯤 돼."

"20년이요?"

"응. 처음에는 강의 소재를 찾으려고 자격증에 도전했어.

트레이너 자격증 빼고는 그 시대에 뜨는 이슈들을 배우러 다닌 거지. 드론을 내가 2015년에 땄으니까 아주 빨랐지. 드론 자격증은 한국교통안전공단 거기 자격증이야. 민간 자격증이 아니라고. 난 마술 지도자 자격증도 있어."

"하하, 마술 지도자요?"

"거기서도 상을 받았지. 난 하여간 어디 가서나 상을 잘 받아왔어. 애들이 오죽하면 '아빠, 이거 사 오는 거 아니야?' 라고 할 정도였지. 보험회사에서 받은 상도 한두 개가 아냐. 상장이 너무 많아서 파일에 꽂아서 정리해 놓았어."

"선생님은 뭘 하셔도 진짜 최선을 다하시네요."

"그런 교육들 들으러 가보면 다른 사람들은 강사가 앞에서 가르치는데 그냥 휴대폰 보고 딴짓하고 그러잖아. 난 안 그래. 교육을 가면 거기에 집중하고 휴대폰에도 전화가 오면 '고객님들을 위해서 제가 공부를 하는 중입니다. 더 많이 배워서 여러분들을 찾아뵙고 나누겠습니다' 하는 문자가 가게끔 해놓았지."

"와! 그렇게 하면 고객들도 '이 사람은 자기 일하면서도 공부에 매진하는구나' 하고 좋게 보셨을 것 같아요. 심리상담사 자격증은 의외인데 어떤 계기로 공부하신 거예요?"

"아, 그거는 성당에서 어느 날 심리상담사 과정 공부를 하리고 교인들을 상대로 권하길래 시작했어. 당시에 내가 회사 부장으로 재직하고 있을 때인데 지금으로부터 한 30년 전이지. 그런데 한 번도 안 빠지고 교육을 들었어. 내가 성격이 참 급한 사람이거든. 지시가 내려오면 바로 실행해. 일하느라 밥도 거의 마시다시피 하는 사람이었어. 그러니까 그 급한 성격을 좀 바꾸고 싶기도 하고…. 심리상담이라는 게 내 말을 하는 게 아니라 남의 말을 들어주는 일이잖아. 그러니까 말이 되지. 들어주려면 내가 느긋해져야 하잖아. 또 아이들 교육하는 데도 도움이 많이 되더라고. 내가 심리상담 공부하고 실생활에 적용한 에피소드 몇 개 들려줄까?"

***

막내가 초등학교 1학년이었을 때 맨날 친구들과 오락실에 다녔다. 나는 아이에게 "오락실에 안 갔으면 좋겠구나" 하고 타일렀다. 그런데 어느 날 회사에 있는데 아내에게서 전화가 왔다. 막내가 학교에 다녀와서부터 계속 울고 있다는 거였다. 무엇 때문에 그러냐고 물어도 아무 말도 안 하고 울기만 하니 오늘은 일찍 집에 들어왔으면 좋겠다는 전화였다. 저녁에 일을 마치고 집에 들어갔는데 막내 아이는 그때까지도 울고 있었다.

"너 학교에서 무슨 일 있었니?"

"아빠… 저… 학교 좀 옮겨주세요."

아이가 엉엉 울면서 겨우 꺼낸 말이 학교를 옮겨 달라는 것이니 부모로서 얼마나 놀라겠는가. 나는 무슨 일이 있기에 학교를 옮겼으면 좋겠느냐고 물었다.

"아빠하고 오락실 안 간다고 약속을 했는데요…. 학교 가는 길목마다 오락실이 있어요. 저도 모르게 자꾸… 발걸음이 그리 가지니 학교를 옮겨주세요."

아이의 대답이 귀엽기도 하고 기특하기도 해서 내가 토닥토닥 아이를 달래주었다.

"그랬구나. 그래서 힘들었겠구나…."

"네, 너무 힘들어요."

"아빠가 생각할 때는 네가 오락실을 안 갔으면 좋겠어서 그렇게 말했는데 그러면 넌 아빠가 뭘 안 했으면 좋겠다고 생각하니? 네가 아빠에게 하지 말아야 한다고 생각하는 것을 말하면 아빠도 그거 안 해 볼게."

"그럼 아빠도 고스톱하지 마세요."

나는 그 당시 차에다가 고스톱 판을 싣고 다닐 정도로 고스톱을 즐겨 쳤다. 친구들을 만나면 식당이든 어디서든 그냥 판이 벌어졌고, 다 내 돈이었다. 술, 담배를 안 하는 내게는 고스톱이 유일한 오락거리였다. 그런데 아이가 그걸 하지 말라는 것이었다.

"…그래, 그럼 아빠는 네가 오락실에 안 갔으면 좋겠고, 너는 아빠가 고스톱을 안 치길 원하니까 우리 둘이 같이 그렇게 해 보면 서로 힘이 되지 않겠니?"

"네…."

난 막내와 약속한 그날부로 고스톱을 일절 하지 않았다. 아주 딱 끊어버렸다. 흡연하던 사람이 2~3일만 담배를 끊어도 손이 떨리는 것처럼 길거리를 다니면 다 화투로 보이고 자려고 누우면 천장에 고스톱 판이 그려지는 지경이 되었다. 그래도 아이가 집에 와서 하루 종일 울 만큼 노력하고 있으니 나도 참고 견뎌야 한다고 생각했다.

그렇게 몇 개월이 지나고 명절이 되어 친척들이 다 모였다. 명절에 사람들이 모이면 고스톱이 진리 아니겠는가. 치기만 하면 다 내 돈인데 나는 그 자리에 낄 수 없었다. 아이와의 약속 때문이었다. 주변에서 막내에게 "야, 네 아빠 오늘만 고스톱 쳐도 되지?"라고 허락을 구했지만 나는 아이들과의 약속이 중요하다고 말하며 단호하게 거절했다.

그런데 다음 날 다른 친척들과 조카들이 와서 막내와 아이들이 몰려 오락실에 다녀왔다는 것을 알았다. 나는 우리 아이들을 불러놓고 말했다.

"너희들 어제 삼촌이 아빠한테 고스톱하자고 한 소리 들었니?"

"네, 들었어요."

"그때 아빠가 왜 안 친다고 그랬는지 기억하니?"

"저희들과의 약속이 중요해서 안 친다고 하셨어요."

"그래, 나는 너희들과의 약속이 중요해서 하고 싶은데도 안 했는데 너는 아빠와의 약속이 그리 중요하지 않았나 보구나."

"아, 그게… 아니라…. 죄송해요, 아빠."

그 이후로 막내는 물론 큰애도 고등학교 졸업할 때까지 오락실에 가지 않았다. 나 역시 그 이후로 지금까지 고스톱을 쳐 본 적이 없다. 또 하나의 사건이 있었다.

막내가 초등학교 6학년 때였다. 어느 일요일 여름날, 우리 집 초인종이 울렸다. 집에 있던 내가 문을 열었는데 막내의 같은 반 친구와 아버지가 찾아왔다.

"안녕하세요. 저는 애 지성이 아빠입니다. 혹시 우진이 있습니까?"

"아, 지금 밖에 놀러 가고 없는데요."

"얘가 우진이 하고 같은 반인데 우진이가 때려서 얘가 학교를 안 가려고 해서요."

나는 깜짝 놀랐다. 일단은 죄송하다고 연신 사과를 하고 집 안으로 들어오셔서 자세한 이야기를 나누자고 했다. 나는 수박을 썰고 커피를 한잔 타서 대접했다. 수박을 먹는 지성이에게 내가 이렇게 말했다.

"지성아, 우진이 대신 아저씨가 먼저 사과할게. 미안하다. 혹시 우리 우진이가 너를 왜 때렸는지 이야기 좀 해주면 어떻겠니?"

"아, 그거요? 우리 반에 장애인 학생이 있는데요. 우진이가 저보고 걔랑 잘 놀라고 그랬거든요? 근데 제가 걔를 때렸더니 우진이가 저를 때려준 거예요."

지성이의 대답에 지성이를 데려온 아버지는 당황한 기색이 역력했다.

"그래서 그랬구나. 그래도 우진이가 널 때린 건 맞으니까 아저씨가 대신 사과할게. 미안하다. 혹시 우진이가 너한테 사과하면 같이 놀 수 있겠니?"

"저도 우진이 좋아해요. 친해지고 싶어요."

지성이의 말을 듣고 나는 지성이 아버님에게도 죄송하다

고 했다. 지성이 아버님은 얼굴이 빨개져 아무 말도 못 하고 "애들 일이 다 그렇지요"하며 도망가듯 우리 집에서 나갔다.

그날 저녁 막내가 집에 들어왔다. 나는 지성이와 지성이 아버지가 우리 집에 왔었다고 말해 주었다.

"아! 그 새끼가 왔었어요?"

막내는 내 말에 발끈하며 바로 밖으로 나가려고 했다. 나는 아이에게 "그 애가 너한테 사과하러 왔었어"라며 거짓말을 했다. 아이는 밖으로 나가려던 걸음을 멈추고 내 말을 들었다.

"네가 걔한테 장애인 친구가 불쌍하니 때리지 말고 잘 놀라고 했는데 걔가 때려서 네가 걔를 때려줬다며. 근데 걔가 너랑 놀고 싶어 가지고 너한테 사과하려고 온 거더라고. 근데 지성이가 엄마도 없고 할머니하고 아버지하고 셋이 산다더라. 너는 엄마, 아빠, 형도 있고 누나도 있고 그런데 지성이도 잘 챙겨줘야 되지 않겠니? 그리고 얘기를 들어보니까 걔네 아빠가 은행에 다닌대. 네가 걔랑 잘 친하게 놀면 아빠가 혹시라도 돈 필요할 때 빌릴 수도 있으니 도움도 될 것 같고. 그러니까 너도 사과하고 같이 놀면 어떻겠니?"

"알았어요."

내 말에 아이는 수긍을 했다. 그다음 날 퇴근해서 집에 돌아오니 집이 북적북적했다. 지성이가 와서 막내와 함께 뛰어놀고 있었다.

"아빠, 저 애랑 화해했어요."

그리고 일주일 정도 지나서 막내가 내게 물었다.

"아빠, 저 지성이랑 잘 놀고 있는데 걔네 아빠한테 돈 빌렸어요?"

"아니, 아직은 안 빌렸는데 네가 잘 놀아주면 필요할 때 빌릴게."

"네, 알았어요."

원래도 아이들에게 욕을 하거나 때리진 않았지만, 좀 불같은 성격이 있었다. 나는 심리상담 공부를 하고 나서 아이들에게 큰소리를 치지 않는다. 차분하게 아이들 입장에서 생각하고 말하게 되었다. 밖에 나가서도 남의 이야기를 듣고 그 사람의 상황을 생각해보게 되니 인간관계에도 도움이 되고 급한 성격을 변화시킬 수 있었다.

바리스타 자격증은 주말에 배우러 다녔는데 자격증을 따고 나니 아무런 쓸모가 없었다. 왜냐하면 커피 내리는 기계가 최소 몇백에서 천만 원까지 드는데 카페를 차릴 것이 아니면 가정집에 놓을 필요가 없었기 때문이다. 그래서 핸드드립 커피를 배우러 다녔다. 예전에는 '이 쓴 걸 왜 먹나' 싶었는데 핸드드립을 배우면서 커피 본연의 맛을 알게 되었다. 사람은 배우고 경험한 만큼 알고 보이는 법이라는 걸 커피를 배우면서 체험할 수 있었다.

나는 경기도 광주에 있는 마노앤마노 커피 전문점 신성학 선생님에게 핸드드립을 배웠다. 그러고도 부족하다고 생각해 허형만 압구정커피집에서 초급 과정 7주, 중급 과정 7주를 들었다. 교육 중에 책을 많이 추천해 주는데 일주일에 3~4권 정도 된다. 7주면 거의 30권 정도의 책을 읽어야 한다. 권하는 책 중에는 절판된 것도 있는데 나는 무슨 수를 써서라도 구해서 다 읽고 수업에 참여했다. 나중에 그분이 자신의 제자가 수백 명인데 그중에 자기가 읽으라고 했던 책을 다 읽은 사람이 나를 포함해 단 2명뿐이라고 했다.

나는 자기계발이라면 돈을 아끼지 않고 투자했다. 성공하는 사람들의 7가지 습관 세븐 해빗 2박 3일 과정의 CEO 프로그램을 250만 원의 비용을 내고 들었다. 내용이 너무 좋아서 두 아들에게도 한 명당 140여만 원을 들여 교육시켰다. 아내는 아이들한테 너무 큰돈이라며 말렸지만 부모가 가르칠 수 없는 것을 배우는 것인데 그 정도의 비용은 투자할 만한 가치가 있다고 설득했다.

하루는 내가 막내아들을 데리고 고급 음식점에 간 적이 있다. 아들이 너무 비싼 곳이 아니냐고 하기에 "네가 여기를 이용해봐야 나중에 고객을 모시더라도 이 음식이 어떤지, 어떻게 먹는지를 알아야 교류가 되기 때문"이라고 말해 주었다. 싼 데만 찾아다니면 대인관계를 잘할 수 없다. 때로는 이런 경험도 필요하다는 생각으로 아들을 데려간 것이다. 크게 놀아야 큰 사람이 될 수 있을 테니까.

***

나는 지금도 도전을 멈추지 않는다. 내 나이대 사람들은 무료 지하철을 타고 다니며 남의 험담이나 하고 자기 성장과 발전은 잊은 채 하루를 무료하게 보내는 사람들이 많다. 인생은 내가 얼마나 새로운 것에 도전하며 사느냐에 따라 그저 그런 인생이 되기도 하고 꽤 재미있는 인생이 되기도 한다.

오래전부터 알고 지낸 시니어 모델 출신의 여교수님이 있다. 이 교수님은 지금도 모델처럼 옷을 입는다. 나도 의류 회사를 오래 다녔고 패션에 관심이 많아서 누구도 내 옷차림을 보고 내 나이를 맞추지 못할 만큼 옷을 젊고 화려하게 입는 편이다. 명품으로 치장한다는 말이 아니라 내 체형과 외모, 분위기에 어울리게 입는다는 뜻이다. 나는 그 교수님 덕에 시니어 모델에 도전하게 되었다. 무대에 서기 위해 일주일에 두 번씩 모델 교육을 받았다. 그리고 2023년 5월 14일 꿈의숲아트센터에서 〈천재 모차르트 클래식 드라마&패션쇼〉 무대를 성황리에 마무리할 수 있었다. 패션쇼를 위해 자세 교정부터 워킹까지 모든 과정이 쉽지 않았지만 꾸준한 운동으로 단련된 신체 덕분에 교육을 잘 따라갈 수 있었다.

지금 운영하고 있는 유튜브도 나에게는 도전이었다. 나는 일주일에 2~3권 정도의 자기계발서를 읽는다. 내가 자기계발서를 탐독하게 된 이유는 살면서 뭔가 고민에 빠지게 되고 어떤 좌절을 경험할 때, 나에게 커다란 힘이 되어주는 경험을 몇 번이나 했기 때문이다. 사람에게서 힘과 용기를 얻은 기억보다는 책에서 깊은 울림을 받았던 강렬한 기억이 더 많다. 책을 읽다 보면 밑줄을 칠 수밖에 없는 글귀들을 자주 접하게 된다. 이렇게 좋은 내용을 혼자만 알기에는 미안할 정도의 글들이 넘쳐난다. 나는 내가 읽었던 감동적인 글을 누군가에게 나누고 싶은 마음이 간절해졌다. 나는 내가 알고 지내는 몇몇 지인들에게 주기적으로 내가 읽었던 책들에서 좋은 내용을 발췌해서 보내기 시작했다. 반응이 좋았다.

그래서 나는 또 다른 도전을 시도했다. 이렇게 좋은 글들을 몇몇 지인들에게만 보내줄 게 아니라 조금 더 많은 사람에게 나누자는 생각이었다. 누군가의 출근길에 힘이 되어줄 수 있도록 좋은 글로 아침을 열어주고 싶다는 마음이 들었다. 유튜브 제작을 위해 책을 신청하는 일은 즐겁고, 편집이며 음향이며 다양한 기술들을 터득할 때마다 성취감도 느낄 수 있었다. 사람들이 내 영상을 보고 힘과 용기, 동기부여를 얻는다는 댓글을 보면 구독자는 많지 않지만 나만의 속도대로 나아갈 수 있는 마찬가지의 힘과 용기를 얻는다. 내가 유튜브 채널을 통해 하루하루 성장하는 것처럼 다른 누군가도 나와 같은 성장이 있었으면 좋겠다.

실패가 두려워서 도전조차 하지 않으면 아무것도 얻을 수가 없다. 오늘 내가 어떤 생각을 하고 어떻게 행동하느냐에 따라서 경험하게 될 내일과 미래가 완전히 바뀔 수 있다. 그러므로 항상 꿈꾸고 도전하며 자신의 존재 가치를 높여야 한다. 성공은 선택하고 도전하는 자들의 몫이다. 당신이라고 못할 것이 없다. 눈앞에 1,000개의 계단이 놓여 있다고 하자. 단번에 50개, 100개씩 올라갈 수 있는 사람은 없다. 천 리 길도 한 걸음부터다. 한 계단씩 올라가다 보면 어느새 1,000개의 계단을 모두 밟고 올라선 당신을 만날 수 있을 것이다. 오늘 당신의 하루는 가장 작은 인생의 한 부분이다. 오늘 하루의 사소한 행동 하나가 1년 뒤, 5년 뒤 당신의 삶을 바꿀 것이라는 걸 기억하길 바란다.

PART 9

결과만 얻으면 하수,
사람까지 얻으면 고수

'빨리 가려면 혼자 가고 멀리 가려면 함께 가라'는 아프리카 속담처럼 무엇을 하든 혼자서는 성공할 수 없는 세상이다. 좋든 싫든 인간은 사회적 동물이고 사람들과 부대끼며 살아가야 한다. 당신 주변에는 어떤 사람들이 있는가? 가능한 한 좋은 영향을 주고받는 사람과 가까이하고 그 사람을 얻는 기술을 터득하라.

9

나는 다른 사람들에게 접근할 때 상대의 마음을 열기 위해서 나를 다 오픈하는 편이다. 나를 오픈하지 않고 상대방의 정보만을 빼내려고 하는 순간 모든 것이 끝난다.

"장사란 이익을 남기기보다 사람을 남기기 위한 것이다. 사람이야말로 장사로 얻을 수 있는 최고의 이윤이며, 따라서 신용이야말로 장사로 얻을 수 있는 최대의 자산인 것이다. 작은 장사는 이문을 남기기 위해서 하지만, 큰 장사는 결국 사람을 남기기 위해서 한다."

최인호가 쓴 『상도』의 한 구절이다. 나는 이 말에 동감한다. 특히 보험설계사를 하면서 이 의미를 더욱 진리로 받아들이게 되었다.

어느 날, 잘 알고 지내는 한 중소기업체의 대표님에게서 전화가 왔다. 부산에서 사업을 하는 분인데 아는 사람이 법인 보험 견적을 받아 보고 싶어 한다며 연락처를 알려주겠다는 것이었다. 나는 바로 전화를 걸었다. 간단히 내 소개를 하고 어떤 보험 견적을 원하는지 물었다. 이런저런 정보를 받고 최적의 보험 설계를 해 보았는데 사업장의 규모가 꽤 커서 그런지 보험료가 적지 않았다. 나는 고객의 입장에서 고민하며 부담되는 보험료를 줄여보려고 노력했으나 더 이상 줄일 수 있는 항목이 없었다. 나는 이럴 게 아니라 찾아가서 상황을 설명드려야겠다고 생각했다. 하지만 그 법인 대표님은 가입할 때 부를 테니 부담스러우니까 오지 말고 견적서만 보내라고 하셨다.

보통 사업체를 운영하는 대표님들은 아침 일찍 출근하는 경우가 많다. 또 아침은 하루 중 그 어느 때보다 정신이 맑아서 고객이 객관적이고 냉정한 판단을 하기 좋은 시간대다. 나는 초저녁에 잠을 청하고 새벽 1시에 일어나 부산으로 향했다. 계약 여부와 상관없이 내가 설계한 보험이 어떤 특징을 가졌고 어떤 사고 발생 시에 보험금이 나오게 되는지 설명하기 위해 잠까지 줄여가며 그 먼 길을 가기로 선택한 것이다.

새벽이라 도로가 한산해 예상한 시간에 도착했고, 차에서 몇 시간을 보내다가 대표님이 출근하기 전 회사로 향했다.

아침 8시쯤 되어 가슴에 명찰을 달고 당당하게 회사로 들어가니 직원이 어떻게 오셨냐며 나를 막아섰다. 나는 대표님을 뵈러 왔다고 했다. 직원은 대표님과 약속을 하셨냐고 물었다. 나는 당연한 듯이 바로 약속을 하고 왔다고 대답했다. 직원은 나를 사장실로 안내해 주었다. 나는 약속을 하지 않았지만 약속되지 않은 만남을 성사시키기 위해서는 이 방법밖에 없다는 걸 알고 있었다. 나는 대표님을 기다리며 보험 설계 서류를 꺼내 처음부터 끝까지 상세하게 읽어 내려갔다. 여러 번 검토를 하고 있는데 인기척이 났다. 나는 일어서서 대표님에게 인사를 하고 아침 일찍 약속도 없이 불쑥 방문해서 죄송하다는 말씀을 드렸다. 대표님은 많이 놀란 눈치였다.

"이렇게 비용이 많이 나가는 보험은 특징이 있는데 도저히 전화상으로는 설명할 길이 없어서요. 오늘 새벽에 무작정 서울에서 내려왔습니다. 그리고 저는 보험 계약을 하러 온 것이 아니고, 오로지 보험에 대한 설명을 드리러 온 것이니 부담 갖지 않으셔도 됩니다."

우리가 앉은 테이블에 차 한이 올려지고 대표님이 입을 열었다. "오래전부터 거래를 하고 있는 보험설계사가 있어서 미안하지만 검증 차원에서 보험 설계를 요청한 것"이라고 솔직하게 말했다. 나는 사업수 입장에서 당연한 행동이라고 안심시켜 주었다. 나는 내가 설계해 간 보험에 대해 최대한 설명을 했다. 상담을 하다 보면 상대방이 나에게 끌려오고 있다는 것을 느낄 때가 많다. 경험상 그런 느낌이 들면 늘 결과가 좋았다. 나는 내가 생각한 대로 충분히 설명을 하고 업무에 방해가 되지 않도록 회사에서 나왔다. 나는 부산에 온 김에 기존 고객을 방문하기 위해 진주로 향했다.

그로부터 한두 시간이 지났을까. 휴대폰이 울렸다. 내 짐작대로 오전에 미팅을 했던 대표님이었다. 다짜고짜 어디에 있냐며 지금 바로 회사에 와 줄 수 있냐는 전화였다. 나는 "급한 사고 건 때문에 진주로 가고 있어서 저녁 시간에나 방문할 수 있습니다" 하고 양해를 구했다. 사실 바로 갈 수도 있었지만, 내 나름의 영업 방식이었다. 끌려다니는 영업이 아니라 내가 이끌어가는 영업이 중요하다고 생각했다. 내가 진심을 보여주자 대표도 마음을 열고 법인 계약을 맺을 수 있었다.

광주에서 오랫동안 큰 사업을 하는 대표님이 있다. 젊은 날, 밤낮없이 열정적으로 일할 때 알게 된 대표님이다. 대표님과의 인연은 아주 오래되었다. 지금도 여전히 연락을 주고받는 사이다. 나보다 훨씬 더 나이가 젊은 대표님은 나를 마주할 때면 늘 이면지로 된 메모지 뭉치와 볼펜을 꺼내 내 입에서 나오는 말들을 받아적곤 했다. 대표님은 다른 사람이 찾아오는 것은 달갑지 않다면서도 내가 찾아오는 것은 늘 반갑다고 말씀해 주셨다. 나이 차이는 있지만 항상 배우려는 자세와 긍정적이고 도전적이며 누구에게도 쉽게 타협하지 않을 것 같은 내 성격이 좋다고도 했다. 위아래를 떠나서 나는 옳지 않은 것에 대해서는 직언을 하는 편이다.

어느 날, 대표님은 내게 고민이 있다며 무언이든 조언을 좀 해달라고 부탁했다. 나는 대표님의 고민을 한참 들어보고 나서는 번뜩 떠오르는 것이 있어 말씀을 드렸다.

"대표님 광주에서 최고가 되기를 원하십니까? 아니면 대한민국에서 최고가 되는 것을 원하십니까?"

"그야 사업하는 사람이라면 대한민국에서 최고가 되길 바라지요."

"그럼 대표번호부터 바꾸십시오."

"전화번호를 바꾸라고요?"

"네, 회사 전화번호에 붙은 지역번호 때문에 광주에만 국한되어 있는 느낌이 듭니다. 회사 대표번호를 1588이나 1577로 바꾸면 지역번호에서 느껴지는 거리감을 줄일 수 있을 겁니다. 광주뿐만 아니라 전국에서 연락이 올 거예요."

대표님은 내 말에 동했는지 바로 관리부장을 호출해서 대표번호를 알아보라고 지시를 했다고 한다. 운때가 맞았는지 아니면 대표번호 때문인지는 몰라도, 전화번호를 바꾸고 얼마 되지 않아, 회사의 매출은 연 30억에서 200억으로 껑충 뛰었다. 대표님은 내 조언 덕분이라며 나를 만날 때마다 치켜세워주었다. 일 때문에 광주에 갈 일이 생기면, 나는 가장 먼저 대표님부터 찾아뵀었고, 대표님에게 나는 vip 중에서도 최고의 vip였다.

***

"정직은 확실한 자본이다."

이는 미국의 사상가 겸 시인인 랄프 왈도 애머슨이 한 말이다. 내가 인생에서 가장 중요하게 생각하는 것도 역시 정직이다. 나는 보험 영업을 하면서 한 번도 상대방을 기분 좋게 하는 거짓말을 한 적이 없다. 내 이익을 위해 마음에 없는 말을 하는 것은 내 신념에 어긋나는 일이다. 그런 것에는 관심조차 없다. 있는 그대로, 내가 생각하는 대로, 정직하고 솔직하게 말할 뿐이다. 숨길 것도 없고 숨겨야 할 것도 없다. 상대가 가장 필요할 때 진실을 말해주는 사람이 있다면 서로 친구가 되고 좋은 인연을 오랫동안 유지할 수 있다. 나는 인간관계를 그렇게 맺어왔다. 변명이나 속임수, 자기방어는 나와 먼 이야기다.

내가 영업소에서 두각을 나타내자 나를 시기 질투하는 사람이 많았다. 이전 회사에서도 겪었던 일이었다. 내가 입사 4개월 만에 팀장이 되자 여기저기서 불만이 터져 나왔다. '보험 경험도 별로 없는데 어째서 장한식 씨가 팀장이 될 수 있나요?', '신인상 몇 번 탄 게 뭐 대수라고….' 다른 지점으로 옮겨야 하나 마음의 갈등이 많았지만 이대로 주저앉을 수는 없었다. 이겨 내야 한다고 다짐했다. 내가 변함없이 잘해 나간다면 이들도 나의 편이 되어 줄 거라고 생각했고 매번 지점에서 1등 팀장을 하게 되니 동료들에게 인정을 받게 되었다. 나의 생각은 들어맞았다. 나중에는 적이었던 사람들이 후에는 모두 친한 동료가 되었다.

수십 년 전에 어머니가 내 친구 어머니를 내게 모셔온 적이 있었다. 동생의 집을 짓기 위해 친구 어머니께 돈을 좀 빌리려고 하는데, 친구 어머님이 어머니와 동생은 못 믿겠고 한식이가 책임을 진다고 해 주면 돈을 빌려주겠다는 것이었다. 참 기가 막혔다. 당시는 내가 도곡동 집을 산 지 얼마 되지 않았을 때였다. 어머니는 100만 원만 보증을 서 달라고 했다. 당시 100만 원은 적은 돈이 아니었다. 그래도 나는 동생이 집을 짓는다는 말에 그 보증을 서 주었다. 결국 집은 지었는데 빚이 많아서 팔아먹고 그 친구 어머니에게 어머니와 동생이 돈을 갚지 못하는 바람에 그것까지 내가 다 갚아 주었다. 그 정도로 나는 주변 사람들에게 믿음과 신용을 주기 위해 스스로를 채찍질했다. 결코 쉬운 일이 아니다. 그러니까 나 자신만 힘들어지는 것이다. 언제나 신뢰할 수 있는 사람이 되어야 하니까 말이다.

오래전 일이다. 지인의 소개로 만난 대표님이 계셨다. 이분은 서울에서 개인 사업체를 경영하고 있었고, 새로 신차를 구입한 터라 마침 자동차 종합보험을 알아보던 중에 나를 소개받았다. 그 대표님과는 별 어려움 없이 계약을 성사시킬 수 있었다. 그런데 보험을 든 지 몇 개월이 지난 후 그 대표님으로부터 전화가 왔다. 직원이 회사 일로 차량을 운행하다가 영업용 택시와 접촉 사고가 나서 보험 회사에 전화를 하니 보상이 안 된다는 날벼락 같은 소리를 들었다는 것이다. 나는 일단 흥분한 대표님을 진정시키고 확인해 본 후에 다시 전화를 드리겠다고 했다. 안타깝게도 가족 한정 보험이라 차량을 직원이 몰다가 사고가 났을 시에는 보상을 받을 수 없는 계약이 맞았다. 현장에서 이러한 사실을 알게 된 택시 기사는 바로 병원에 입원했고, 현금 보상을 요구하기 시작했다. 아주 난감한 상황이었지만 나를 보고 계약한 고객이었기에 최대한 해결책을 찾기 시작했다.

아무리 고민해 봐도 보험사 대표이사님을 찾아가는 방법밖에 없었다. 그 당시 나는 회사 내에서 꽤 인정을 받았던 상태라 대표이사님도 내 이름은 물론 다양한 수상 내역까지 알고 계셨기 때문이다. 또한 언젠가 시상식에서 언제든 어려운 일이 생기면 주저하지 말고 찾아오라는 말도 하셨기 때문에 이번만큼은 대표이사님의 도움을 받아야겠다고 생각했다. 나는 어떤 약속도 없이 급한 마음에 비서실 문을 열고 들어섰다. 비서에게 자초지종을 설명하고 대표이사님을 만날 수 있게 해달라고 부탁했다. 마침내 대표이사님을 뵐 수 있었고 나는 전후 사정을 설명했다.

"지금 보험 보상 처리가 되지 않아서 택시 기사가 퇴원을 미뤄가며 현금 보상을 요구하고 있습니다. 제가 모든 일에 책임을 질 테니 계약이 잘못되었을지라도 보상 처리부터 해주시기를 간곡히 부탁드립니다."

내 말을 다 들은 대표이사님은 검토해 본 후 비서실을 통해 결정 여부를 알려주겠다고 했다. 내 간절한 마음이 닿았는지 다행히 며칠 후에 비서실로부터 연락이 왔다. 대표이사님의 재가가 떨어진 후 사고 보상팀은 빠르게 움직였고, 700만 원 정도 보상이 이뤄질 것 같다고 나에게 통보를 해왔다. 보상금에 대한 근거는 병원 치료비를 포함해서 영업용 차량이기에 영업 손실을 보상해 주어야 한다는 것이었다. 납득이 갔지만 내가 한 번에 부담하기에는 꽤 큰 금액이었다. 나는 먼저 업체 대표님에게 전화를 걸었다. 현재 보험회사에서 보상이 진행 중이며 보상금액은 700만 원 정도에서 마무리될 예정이라고 했다. 또한 이 금액은 전액 내가 부담할 예정이니 신경을 쓰지 않아도 된다고 덧붙였다. 내 말은 들은 대표는 큰 금액을 어떻게 혼자 부담하냐며, 계약 내용을 꼼꼼히 챙겨보지 못한 자신의 잘못도 있으니 함께 부담하겠다고 했다. "나는 돈보다 신뢰가 더 중요하니 모든 금전적인 책임은 제가 지겠다"고 정중히 말씀드렸다.

　사실 내게 700만 원이라는 돈은 엄청나게 큰돈이었다. 내 사정을 이해해 주고 도와주었던 회사에도 700만 원을 한 번에 부담을 하기에는 무리가 있으니 급여에서 매달 100만 원씩 갚겠다고 부탁을 했을 정도였으니까 말이다. 하지만 그렇다 할지라도 나는 돈보다 신뢰가 더 중요하다고 생각했다. 당장은 아쉬워도 돈은 다시 벌면 된다. 하지만 한 번에 무너진 신뢰는 결코 다시 되돌릴 수 없다. 설령 되돌릴 수 있다 하더라도 엄청난 시간과 노력이 들어갈 것이다.

당장 눈앞의 금전적인 손실 때문에 내가 그동안 지켜온 신념을 저버리고 싶은 마음은 없었다. 그 업체 대표님과는 그 후로도 좋은 관계가 유지되었다. 이제는 세월이 많이 흘러 대표님도 나도 일선에서 물러난 상태이지만 지금도 가끔 안부 전화를 주고받곤 한다.

***

데일 카네기의 『인간관계론』을 보면 사람을 움직이는 3가지 원칙에 대한 이야기가 나온다.

첫 번째는 다른 사람을 탓하지 않는다는 것이다. 전 세계에서 존경받는 인물 중 한 사람이자 미국에서 가장 존경받는 대통령으로 꼽히는 에이브러햄 링컨은 그의 명성에 걸맞지 않게 남을 비난하는 것이 습관이 되어 있었다고 한다. 그는 젊은 시절 다른 사람의 결점을 누구보다 잘 집어내는 재주를 가지고 있었다. 너무나 많은 사람을 웃음거리로 만들거나 함부로 비난해서 그에게 평생 원한을 품은 사람도 많았다고 한다. 실제로도 그는 1865년 워싱턴 D.C.의 포드 극장에서 남부 지지자에 의해 암살당해 죽음을 맞이했다. 그러나 링컨은 자신의 경험을 바탕으로 남을 비난하거나 탓하는 것이 서로에게 아무런 도움이 되지 않는다는 것을 깨닫게 되었다고도 한다. 이처럼 자신의 허물은 보지 못하고 남의 허물만을 들춰내는 사람은 어디서도 환영받을 수 없다.

두 번째는 사람들의 열망을 불러일으키는 것이다. 탓하는 것과 반대로 칭찬과 격려를 해 주는 것이다. '칭찬은 고래도 춤추게 한다'는 말처럼 다른 사람의 장점을 발견해 내고 그것을 진심으로 칭찬해 주는 것이 인간관계를 잘하는 비결이다. 데일 카네기는 당시에 연봉 백만 달러를 받는 두 사람을 알고 있는데 그중 하나가 찰스 슈바프였다. 찰스 슈바프는 '강철왕'으로 불리는 앤드루 카네기의 부하였다. 왜 앤드루 카네기는 찰스 슈바프에게 매일 3,000달러 이상의 급여를 주었을까? 바로 그가 사람들을 다루는 능력에 있어서는 타의 추종을 불허하기 때문이었다. 슈바프는 인간관계에서 칭찬과 격려의 힘을 이렇게 표현했다.

"나는 전 세계의 수많은 사람들을 만나 왔습니다. 아무리 지위가 높은 사람이라도 칭찬을 들으면 좋아하고, 특히 일에 대한 칭찬을 건네면 누구나 더 열의를 가지고 일을 해 좋은 결과를 거둔다는 사실을 알게 되었습니다. 이 경우를 벗어나는 사람을 나는 한 번도 본 적이 없습니다."

세 번째는 상대방의 입장에서 생각하는 것이다. 세계 최초로 자동차 대량 생산에 성공한 헨리 포드는 인간관계에 대해 다음과 같은 말을 했다.

"성공하는 데 비결이 있다면 상대방의 입장을 이해하고 내 입장과 상대방의 입장을 비교해 문제를 해결해 나가는 데 있다."

말은 쉽지만 상대방의 입장을 이해한다는 것은 어려운 일이다. 의식적으로 노력해야 하고, 이성의 끈을 단단히 붙잡아야만 이룰 수 있는 일이기 때문이다. 요즘 우리는 매우 감정적이다. 상대의 입장보다는 내 입장이 더 중요하고 내 입장만 옳다고 주장하는 사람들이 많다. 그러니 사회에 갈등이 끊이질 않는다. 만약 당신이 상대방의 입장이 되어 보고 상대방의 입장에서 문제를 바라볼 수 있는 능력이 생긴다면 성공으로 한 걸음 더 다가간 것이나 마찬가지다.

***

어떤 남녀가 있다고 하자. 남자는 여자에게 아주 많은 호감을 가지고 있다. 인생에서 놓쳐서는 안 될 사람이라고 여긴 남자는 이 사람을 자신의 여자로 만들기 위해서 최선을 다한다. 맛있는 것도 사 주고, 좋은 선물도 해 주고, 비위도 맞춰주며 이 여자도 자신에게 호감을 갖게 되길 바랐다. 그렇게 정성을 들여서 연애를 하게 되고 결혼까지 골인했다. 그러면 대부분의 남자는 아내를 등한시하기 시작한다. 어차피 내 여자니까 이제는 신경 쓰지 않아도 되겠지 하고 자신의 일에만 몰두한다. '잡아놓은 물고기에 밥 주랴' 이런 식이다. 처음의 마음과 달라지는 것이다. 그렇게 되면 여자도 실망해서 떠나 버릴지도 모른다. 처음 마음과 똑같이 대해야 오래 가는 관계가 된다.

나는 인간관계에서 '한결같음'이 중요하다고 생각한다. 간혹 온라인상에서 본 이미지는 좋았는데 직접 만나보면 별로인 사람이 있다. 이런 사람은 사업적으로 자신의 이미지를 만드는 사람이다. 상황에 따라 이런 모습으로 연기를 하고, 또 저런 모습으로 연기를 하는 사람인 것이다. 자신에게 이득이 되고, 잘 보여야만 하는 사람에게는 정중하고 예의 바르게 말하거나 행동하면서 그렇지 않은 사람에게는 막 대하고 하대하는 사람은 결국 자신이 얻을 것도 잃게 될 확률이 높다. 모두가 다 보고 있기 때문이다.

영국의 수필가 찰스 램이라는 사람이 청년 시절에 겪었던 일이다. 그에게는 생각만 해도 입가에 미소가 지어질 만한 여자가 있었다. 하루 종일 그녀에 관한 생각에 아무것도 못할 지경이었다. 결국, 그는 하루라도 빨리 그녀에게 청혼해서 행복한 가정을 꾸리기로 결심했다. 찰스 램은 여자의 집으로 향했다. 들뜬 마음으로 걸음을 재촉하던 그는 그만 어떤 여자와 부딪치고 말았다. 그는 버럭 화를 내며 말했다.

"아니, 눈을 어디에 두고 걷습니까? 똑바로 좀 보고 다니세요!"

그는 아파서 어쩔 줄 몰라 하는 여자를 향해 매정하게 소리쳤다. 사과 한마디 없이 쏘아붙인 그의 모습을 안타깝게도 그가 사랑하는 여자가 창문을 통해 지켜보고 있었다. 여자는 그의 무례한 행동에 크게 실망했다. 찰스 램은 여자의 집 앞에 도착해 초인종을 눌렀다. 잠시 후 문을 열고 나온 하인은 "아가씨께서 찰스 램 씨를 만나고 싶어 하지 않으십니다. 그만 돌아가 주세요"라고 말했다. 그는 충격을 받고 아쉬운 발길을 돌려 집으로 돌아왔지만, 아무리 생각해도 자신을 만나주지 않은 이유를 알 수 없어 그녀에게 편지를 썼다.

머칠 후, 그녀에게서 답장이 왔다. 그녀는 찰스 램이 한 행동을 다 지켜보고 있었던 것이다. 그녀는 믿음과 신뢰가 깨져 더 이상 인연을 맺고 싶지 않다는 답장을 보내왔다. 여자의 편지를 읽고 찰스 램은 자신의 어리석음을 깊이 반성했다. 자신이 소중하게 생각하는 사람으로부터 차인 찰스 램은 그때부터 누구에게나 친절을 베풀며 예의 있게 말하고 행동하게 되었다고 한다.

사람인(人)이라는 한자가 있다. 작대기 2개가 서로 기대어 이뤄진 글자다. 여기서 하나만 없어도 이 글자는 성립되지 않는다. 이렇듯 사람과 사람은 서로 베풀고 나누고 도우며 살아가야 할 존재다. 그리고 내가 먼저 베풀지 않으면 절대 저절로 오는 것이 없다. 대부분 사랑은 받는 것이라고 알고 있지만 주어야 받을 수 있다. 사랑을 받으려고만 하면 아무도 받을 수가 없다. 행복도 내가 만들어가야 한다고 했듯 사랑도 마찬가지다.

가장 중요한 문제를 처리할 때는
심지어 신마저도 상대의 호의를 이용한다.
어리석은 사람은 자신의 실력을 지나치게 믿고
다른 사람들의 호의를 무시한다.
하지만 지혜로운 사람은 다른 사람의 호의를 얻을수록
그만큼 자신의 능력이 더 빛을 발한다는 사실을 잘 알고 있다.
호의를 얻으면 어떤 일도 쉽게 이룰 수 있다.
우리는 다른 사람의 호의에 힘입어
부족한 재능과 능력을 보충한다.
그들은 우리가 낙담할 때 격려해주고,
마음이 흔들릴 때 따뜻한 조언을 해주고,
어려운 난관에 부딪혔을 때 해결책을 제시해주고,
쉽게 판단하기 어려운 상황에 직면할 때
여러 가지 정보를 제공해준다.
이보다 더 중요한 것은 호의를 가진 사람은
상대의 결점에 신경 쓰지 않고,
결점을 알아도 절대 비난하지 않는다는 것이다.

『사람을 얻는 지혜』중에서

PART 10

최소한 원칙을 지키는
사람을 비웃지 말자

사람마다 자신이 정한 원칙과 신념이 있기 마련이다. 나는 자신과의 약속을 틀림없이 지킬 수 있는 사람만이 남과의 약속도 지켜낼 수 있다고 믿는 사람이다. 하지만 내가 그렇다고 해서 남들도 그렇게 살아야 한다고 강요하고 싶진 않다. 모두가 똑같이 살 필요는 없기 때문이다. 다만, 최소한 원칙을 지키며 사는 사람을 비웃어서는 안 될 것이다.

10

"여기는 민방위본부입니다. 지금 서울, 인천, 경기도 지역에 경계경보를 발령합니다. 국민 여러분, 이것은 실제 상황입니다. 북한기가 남쪽으로 쳐들어오고 있습니다. 실제 상황입니다. 민방위 훈련이 아닙니다. 여러분 대피하십시오!"

1983년 2월 25일 오전 10시경이었다. 전날 회사에서 야근하고 일요일 아침이라 늦잠을 자고 있었다. 갑자기 동네에 사이렌이 요란하게 울리고 아이들이 전쟁이 났다며 나를 흔들어 깨웠다. 나는 얼른 일어나서 예비군복을 입었다.

"아빠, 어디 가요?"

"여기 있으면 다 죽어. 내가 나가서 한 놈이라도 때려잡아야지!"

집을 나서려는 내 바짓가랑이를 붙잡고 아내와 아이들이 우리는 어떡하라고 다 두고 가느냐며 말렸다. 나는 붙잡는 가족들을 뿌리치고 곧장 중대본부로 갔다. 30분을 기다렸는데 아무도 오지 않았다. 얼마 후, 북한 공군 이웅평이라는 사람이 귀순한 것이라는 방송이 나왔다. 전쟁이 아니었다. 나는 터덜터덜 집으로 돌아왔다.

한번은 이런 일도 있었다. 당시만 해도 일요일에는 모든 상점이 문을 닫을 때였다. 급히 신분증을 복사할 일이 생겼는데 복사할 곳이 없었다. 나는 문을 연 문구점을 찾다 못해서 역삼동 주민센터에 불이 켜져 있기에 '저기 가서 부탁해야겠다' 싶어 들어갔다. 일요일이라 당직자만이 소파에 기대서 TV를 보고 있었다.

"선생님, 죄송하지만 제가 신분증을 꼭 오늘 복사를 해야 되는데 문구점이 다 닫아서요. 이거 한 장만 복사해 주시면 안 됩니까?"

"네, 그러세요. 주세요."

당직자가 복사를 하러 간 사이 주민센터를 둘러보니 40와트짜리 긴 형광등의 불이 모두 켜져 있었다. 나는 별안간 뚜껑이 확 열렸다.

"아니, 선생님! 선생님 집이라면 이 형광등 다 켜놓고 TV 보시겠습니까? 저 그거 복사 안 해줘도 되니까 형광등 다

끄세요! 이 아까운 전기가 다 낭비되고 있지 않습니까?"

나는 대중목욕탕에 가더라도 물이 낭비되는 모습을 보면 화가 치민다. 샤워기를 틀어놓고 딴 데 왔다 갔다 하는 사람들을 이해할 수가 없다. 내 것이 아니면 그렇게 함부로 써도 되는 것일까? 뷔페에서도 먹을 만큼 가져오지 않고 산더미처럼 음식을 잔뜩 가져와서 먹지도 않고 다 남기는 사람들을 보면 "우리나라 국민성이 왜 이렇게 되었나" 싶어서 안타까울 때가 많다. 자신이 정성스럽게 만든 음식이라도 이렇게 함부로 버릴 수 있을까?

한동안 직장을 다니면서 새벽에 조선일보 신문을 돌린 적이 있다. 한번은 새벽에 나갔는데 한국 청년 3명과 미군 2명이 패싸움을 하고 주변에는 사람들이 구경만 하고 있었다. 나는 무슨 일인가 싶었지만 일단 말려야겠다는 생각이 들었다. 나는 싸움의 한복판으로 뛰어들었다.

"젊은이들, 왜 그래? 진정하고…."

"아이, 아저씨는 끼어들지 마세요. 쟤들이 먼저 우리를 때렸다고요."

"그럼 경찰에 신고를 하면 되잖아. 싸울 게 뭐 있어?"

얼마 후 경찰이 달려왔고, 나도 그 현장에 같이 있었다는 이유로 함께 경찰서로 갔다. 가족들은 내가 이런 일에 휘말릴 때마다 오지랖 좀 그만 부리고 끼어들지 말라고 한다. 하지만 잘못된 것은 잘못된 것이고, 나는 해야 할 말은 해야 하는 성격이다. 불의를 보면 참을 수가 없다. 내가 항상 마음에 품고 있는 신념 중 하나는 "거짓말을 하면 그 한마디 거짓말을 막기 위해서 20마디 거짓말을 해야 되고, 그 20마디 거짓말을 막으려고 400마디 거짓말을 하게 된다"는 것이다. 물론 선의로 거짓말을 한두 번은 할 수 있을지 모른다. 하지만 거짓말도 자꾸 하면 습관이 된다.

『도덕경』을 쓴 노자는 이런 말을 남겼다.

"남의 비위를 맞추는 것이 최고의 미덕인 줄 아는 사람은 어리석은 사람이다. 그러나 그런 사람은 곧 신뢰를 잃고 사람들 사이에 설 수 없게 된다. 진실한 말은 즐거움을 주지 못하지만, 즐거움을 주는 말은 결코 진실되지 못하다."

***

지금 생각해보면 내가 운이 좋았던 것 같다는 생각이 들지만, 나는 직장생활을 할 때도 윗사람에게 잘 보이려는 일은 절대 하지 않았다. 아니, 오히려 부하나 상사를 막론하고 할 말은 하는 사람이었다. 사장이나 회장에게도 예외는 없었다.

"우리가 직접 공장을 경영하는 게 아니라고 모른 척하시면 다음에 일을 못 시킵니다. 협력업체라는 것이 뭡니까? 서로 상생하는 건데 '너는 망해도 좋다. 우리만 살면 된다'라고 생각하신다면 그건 협력업체가 아니죠."

나는 우리 일감이 없어서 20일을 놀게 된 협력업체에 일부라도 인건비 지원을 해 줘야 한다고 사장님께 건의했다. 사장님은 그 돈을 왜 우리가 지원하냐고 말도 안 되는 소리라고 했지만, 며칠을 쫓아다니며 설득한 끝에 내 제안은 받아들여졌다.

회사 개발실에서는 각종 의류 샘플당 '각 공정마다 몇 초가 걸리고 하루에 몇 장의 옷이 나올 것이다'라는 것을 치밀하게 계산해 협력업체에 인건비를 책정하고 지불해 준다. 그런데 협력업체에서는 회사가 계산한 인건비가 잘못되었다며 더 요구했다. 예를 들어, 나는 하루 5장의 옷이 우리쪽으로 들어오는 것으로 비용을 책정해서 주었는데 우리 회사에 들어오는 것은 하루 2~3장뿐이었다. 우리가 잘못 계산했나 싶어 최대한 맞춰서 인건비를 더 주겠다고 말은 했지만 왠지 찝찝한 느낌이 들었다. 나는 아무에게도 말하지 않고 그 협력업체를 급습했다. 아니나 다를까 작업대 위에는 우리 회사의 원단이 아니라 다른 회사의 원난이 재난뇌고 있었고, 작업대 밑을 들춰보니 다른 업체의 작업을 위한 원단들이 가득 쟁여져 있었다. 나는 아무 말도 하지 않고 밖으로 나왔다. 협력업체 사장이 당황했는지 뛰쳐나오며 나를 불렀다.

"부… 부장님! 드릴 말씀이 있습니다!"

"저는 할 말이 없으니 이만 가 보겠습니다."

나는 몇 날 며칠 우리 회사 사장님을 설득해 협력업체도 손실을 보면 안 되고, 좋은 관계를 유지해야 한다며 협력업체를 챙겼다. 타당한 대가를 주면 다음에 우리 회사가 바쁠 때 편의를 봐 줄 거라고 생각했는데 참 허탈했다. 그런데 나중에 알고 보니 의상학과를 졸업하고 사장님 백으로 입사한 조카가 협력업체에서 뇌물을 받으며 벌인 일이었다. 사장님 조카는 우리 업무가 잘 돌아가고 있는지 협력업체에 상주하며 상품의 품질검사를 도맡고 있었다. 나는 사장님의 조카를 그날로 해고하고 그 협력업체에는 납기 지연으로 컴플레인을 걸었다. 그리고 우리 회사와의 협력 관계도 정리했다.

나는 이런 부분에서는 엄격했다. 사장님 조카라도 회사에 악영향을 준다면 과감하게 해고를 요구했다. 그 당시 회사의 사장님과 회장님은 동서지간이었다. 이른바 가족경영을 하고 있었던 것이다. 사장실은 통유리여서 지나다니면 내부를 다 볼 수 있었다. 그런데 매번 사장님은 신문지를 머리에 덮고 잠만 자는 것이 아닌가. 사장이라면 회사의 이익을 위해 한창 외부 영업을 해야 하는데 매일 사장실만 지키고 있으니 왜 사장이 있는 것인지 모르겠다는 생각이 들었다. 게다가 사장님은 자신이 결재를 하기 전에 꼭 나를 불러서 "장 부장, 이거 회장님이 결재하실 것 같아? 한번 봐봐"라며 자기 소신도 없이 경영을 하는 사람이었다. 나는 일개 부장일 뿐인데 다들 내 눈치를 보는 것이다. 그러다 보니 사장님이 너무나 무능해 보이고 회사에 있어 봐야 별 역할이 없다는 생각이 들어서 '사장이 이 회사에 없어야 하는 이유'를 7장이나 써서 회장님이 사시는 워커힐아파트로 연락도 없이 불쑥 찾아갔다.

"어이, 장 부장이 웬일이야?"

"드릴 말씀이 있어서 왔습니다."

"회사에서 얘기하지, 이 사람아…."

"아닙니다. 조용히 말씀드리고 싶어서요."

"그래, 무슨 얘긴데?"

"저는 이 회사에 사장님이 그만둬야 된다고 생각합니다. 그 이유를 제가 이렇게 서면으로 써 가지고 왔으니 읽어보십시오."

회장님 부인이 커피를 들고 오다가 내 얘기를 듣고 발끈했다.

"아니, 장 부장님. 사장님이 우리 형부라는 거 모르세요?"

"압니다."

"근데 지금 이 행동으로 잘못하면 장 부장이 그만둬야 된다는 거 아세요?"

"예, 압니다. 근데 저 아니면 이렇게 말할 사람 회사에 아무도 없습니다. 저는 사심 없이 말씀드리니까 제가 써 온 내용을 보시고 판단해 주십시오."

회장님은 주식 차트를 보다가 나를 보며 말했다.

"알았어. 내가 읽어볼 테니까 나중에 얘기하자고."

결국 사장은 그로부터 일주일 뒤에 해고되었다. 회장님은 내게 "이 회사에 또 없어져야 될 사람이 누구라고 생각하나?"라고 묻길래 "전무님"이라고 답했다. 전무는 회계업무를 맡고 있었는데 사장님의 사촌 형이었다.

"전무? 전무는 왜?"

"전무님이 돈자루를 쥐고 있는 분인데 이분은 항상 직원들한테 회사가 어렵다는 얘기를 줄줄이 합니다. 그리고 돈이 없다는 소리도요. 저 같으면 목에 칼이 들어와도 말 안

합니다. 회사에 사람들이 동요할 수 있는 이야기는 안 해야 됩니다. 게다가 출퇴근하는 데 자동차에 기사도 붙어 있고 나가는 돈이 이만큼이나 되니 그 비용을 줄여야 합니다."

그렇게 해서 사장, 전무, 영업 상무까지 회사에 도움이 되지 않는 사람들은 모두 해고되었다. 나는 내가 맞다고 생각하면 두려움 없이 밀고 나간다. 내가 당시에 운이 좋았다고 생각하는 것은 나의 이러한 이야기들을 윗분들이 잘 들어주었기 때문이다. 아마 요즘 사회에 내가 공무원이었다면 외톨이가 되었을지도 모르겠다. 사람이 때에 따라 유연할 줄도 알아야 하는데 지나고 나서 생각하니 너무 올곧아서 자칫 잘못해 윗사람을 잘못 만났다면 그대로 부러져 버렸을 것이다.

***

내가 회사에서 기획조정부 부장을 맡고 있을 때의 일이다. 당시 여러 회사에서 원단을 받고 있었는데 한 군데에서 650만 원어치 원단이 들어왔다. 그것으로 물건을 만들어서 팔았는데 옷을 빨면 물이 너무 많이 빠져서 고객들의 환불 등 항의가 빗발쳤다. 나는 구매 담당자를 불러 "이 원단 회사에 5,000만 원의 클레임을 치라"고 지시했다.

어느 날, 그 업체 사장이 깡패 같은 건장한 남성 둘을 데리고 문을 발로 걷어차면서 "장 부장이 어떤 놈이야?"하며 회사에 찾아왔다. 나는 그 업체 사장을 본 적이 없었지만 그 사람이라는 걸 충분히 알 수 있었다. 자신들이 납품한 금액은 650만 원인데 5,000만 원을 물어내라고 했으니 당연한 반응이었다. 나는 침착하게 그 사장에게 말했다.

"죄송합니다. 제가 급한 일이 있어서 한 5분만 시간을 주시겠습니까? 길어도 10분일 겁니다. 제 자리에 잠깐만 앉으셔서 저희 회사에서 만들어지는 제품의 카탈로그를 한번 보고 계십시오."

내가 이 자리를 피한 이유는 무서워서가 아니라 사장이 흥분된 감정을 가라앉힐 시간을 주기 위해서였다. 그러고는 다른 부서에 가서 이런저런 얘기를 하다가 10분 정도 지나 다시 돌아왔다.

"급한 거 이제 마무리하고 왔습니다. 어떠세요? 사장님, 카탈로그를 보시니 저희 회사에서 만든 좋은 제품이 많고 사장님 회사에서 납품한 원단도 많죠?"

"그렇네요."

"그런데 그 카탈로그에 있는 사장님 회사에서 납품한 이

원단에서 물이 빠진다지 뭡니까. 열심히 만들어서 판매했
는데 소비자가 세탁하는 순간 물이 빠져서 못 쓴답니다. 사
장님께서는 물건을 650만 원어치 납품하셨지만 저희는 하
청 공장에다가 인건비, 부품, 소모품도 다 제공했고, 판매사
원 인건비까지 들어갔습니다. 백화점에서는 판매가로 다 반
품이 들어오고요. 사장님 흥분하신 거 저도 충분히 이해합
니다. 사장님께 2가지 선택지를 드리겠습니다. 첫째는 사장
님께서 만약 제가 제안한 5,000만 원을 받아들이겠다고 하
시면 1년 동안 동종의 제품은 사장님 회사 원단만 쓰겠습
니다. 그리고 그 돈 회수하실 수 있게 해드리겠습니다. 만일
사장님께서 이 제안을 받아들이지 못하시고 소송하겠다 하
시면 하십시오. 제가 받아서 상대해드리겠습니다."

사장은 고개를 갸우뚱하더니 "담배 한 대 피워도 되겠습
니까?"라고 물었다. 사장은 옆에 깡패들에게는 한마디도 하
지 않은 채 나에게 양해를 구하고 담배를 한 대 피웠다. 그
러고는 이렇게 말했다.

"아이, 이 회사에 진짜 멋진 놈 하나 들어왔네."

사장은 내가 제안한 5,000만 원의 클레임을 받아들였다.
이 소식을 들은 회장님은 "깡패까지 대동하고 왔다는데 장
부장은 어째서 눈 하나 깜짝 안 하고 상대를 해? 너도 참 대

난한 놈이다"라고 했다.

나는 내 앞에 무슨 일이 닥쳐도 절대 피하지 않는다. 무조건 정면승부다. 그냥 내 성향이 그런 것 같다. 일부러 내가 용기를 내는 것도 아니고, 억지로 그 상황을 맞닥뜨리려 노력하는 것도 아니다. 본능적으로 그렇게 행동한다.

또 하나의 에피소드가 있다.

나는 협력업체에 방문할 때 2가지 철칙이 있었다. 첫 번째는 절대 점심시간에 방문하지 말 것. 식사 시간에 가면 나에게 대접하려 할 테니 부담을 주지 말자는 생각이었다. 두 번째는 '거래처 사장이 나에게 3번 정도 밥을 사면 나도 최소 한 번은 사자'는 것이다. 상대방이 사장이어도 마냥 얻어먹지 말자는 생각이었다.

한 협력업체가 물건을 잘못 만들어서 우리 회사가 클레임을 걸어야 하는 상황이 생겼다. 어느 날 그 협력업체 사장이 내게 전화를 걸어왔다.

"부장님, 회사 옆인데요. 잠깐 뵙고 싶습니다."

"왜 회사로 안 들어오시고요?"

"아닙니다. 회사 옆 커피숍인데 부장님께 긴히 드릴 말씀이 있습니다."

"제 방 조용합니다."

회사로는 절대 안 들어오겠다고 해서 내가 커피숍으로 내려갔다.

"부장님, 전에 다른 분들 계실 때는 식사 대접도 많이 했는데 부장님께는 식사 한번 대접 못 드리고 죄송합니다."

"제가 식사 대접을 해달라고 한 적은 없습니다. 제 할 일을 하고 월급 타는데 무슨 식사 대접이요? 제 도시락 먹으면 됩니다. 신경 쓰지 마십시오."

내 대답에 사장은 묵직해 보이는 돈 봉투를 꺼냈다.

"이거 직원분들하고 회식하십시오."

"회식비 회사에서 나옵니다. 저는 이런 거 안 받습니다."

"아닙니다. 그동안 부장님한테 식사 대접도 한번 못 하고…. 또 직원들하고 회식하다 보면 돈이 많이 들어가실 텐데 회사에서 주는 거 외에 보태 쓰십시오."

"저는 회사의 회식비 한도 내에서 쓰고요. 또 그다음에 더 쓰는 거는 제 돈으로 씁니다. 저는 회사에 추가로 회식비 청구하는 거 없습니다."

"네네, 그러니까 혹시 부족한 상황 생기시면 쓰시라고 드리는 겁니다."

"사장님, 이거 진짜 아무 사심 없이 우리 회식비로 주시는

섭니까?"

"아유, 그럼요, 부장님."

"알겠습니다. 고맙습니다. 이제 같이 들어가시죠."

내 대답에 협력업체 사장은 기분 좋게 남은 커피를 후루룩 마시고 나와 함께 회사로 들어왔다. 나는 내 방에 도착하자마자 인터폰으로 담당 차장을 불렀다.

"김 차장, 여기 사장님이 우리 회식하라고 회식비 주셨는데 가지고 가서 오늘 회식해."

나는 그 사장이 보는 데서 아랫사람에게 그 봉투 그대로 줘버렸다. 봉투가 꽤 두툼했는데 나는 열어보지도 않았다. 사장은 적잖이 놀란 눈치였다. 협력업체 사장이 돌아가고 난 다음에 담당자를 불러 "이 업체는 지금 하는 일만 마무리되면 협력 관계를 끊으라"고 지시했다. 이런 식으로 업체에서 뇌물을 주면 담당자들이 돈에 눈이 멀어 우리 회사에 누를 끼치면서 일을 해야 하기 때문이다.

90년대에는 명절 때가 되면 거래처에서 금강제화, 에스콰이어, 엘칸토 같은 브랜드의 구두 티켓을 많이 선물로 줬다. 내가 기획조정부에 있을 때는 돈을 쥐고 있는 부서라 아무래도 다른 부서보다 이런 티켓들이 많이 들어왔다. 그래서 나는 우리 부서 직원들을 다 모아놓고 말했다.

"이번에 거래처에서 구두 티켓이나 선물 들어오는 거 있으면 다 나한테 가져와. 그거 우리 부서만 갖지 말고 전 직원들한테 다 돌아가게끔 해야 되겠어."

"아이, 부장님 너무하십니다. 그게 얼마나 된다고요."

"불만 갖지 말고 일단은 다 가져와. 어느 업체에서 줬는지 봉투에 다 명기해서 가져오라고."

다 걷어놓고 보니 내 앞으로 온 것이 전체의 반쯤 되었다. 나는 생산부를 제외하고 전 직원이 한 장씩 받을 수 있도록 배분해서 전달했다. 그래도 남아서 사장님 것까지 챙겨드렸다. 나는 어디를 가나 회사에서 인정받았고 그만둘 때는 항상 "언제든지 네 자리는 비워둘 테니까 다시 오라"고 얘기하는 사장님들이 많았다. 회사에 소속되어 있는 이상 이 회사가 잘되어야 나도 잘될 수 있다는 생각으로 일했고, 서슴없이, 사심 없이 회사를 위해 할 말은 다 하니까 윗사람들에게는 사랑을 받았지만, 동료나 아랫사람들에게는 시기와 미움을 많이 받기도 했다. 다른 사람들이 보기에 나는 늘 승승장구하고 나이도 자신들보다 어린데 진급이 빠르니 그럴 만도 했다. 하다못해 점심시간에 내기 장기를 둬도, 사다리 타기를 해도 나는 거의 90%의 확률로 늘 얻어먹는 쪽이었다. 그러니 사람들이 "어느 놈은 뒤로 자빠져도 코가 깨지고 어느 놈은 앞으로 자빠져도 잼이 달라붙는다"고 불평을 했다. 그만큼 항상 내가 노력하는 것만큼 운이 따랐던 것 같다. 나는 매사 긍정적이다. 어렵다는 생각을 해 본 적이 없다. 안 된다고 생각하지 않고 그냥 하고 부딪히니까 되더라. 남들이 하면 나도 할 수 있는 것이고, 1등은 안 되어도 최선을 다하고 내 소신껏 하자는 생각으로 밀어붙이니 안 될 일도 다 이루어졌다.

회삿돈으로 해외 출장을 가면 다른 사람들은 회삿돈이니 최고급 호텔에 묵고 맛있는 음식에 유흥을 즐기기 바빠 일은 뒷전이 된다. 나에게는 상상도 할 수 없는 일이다. 일하러 왔으니 일만 한다는 것이 내 원칙이며 일이 끝나고 여가 시간이 생긴다 해도 나는 내 돈으로 즐긴다. 누가 들으면 고리타분하고 고지식하다고 말할 수 있지만, 나는 내가 정한 원칙은 무슨 일이 있어도 지킨다.

***

갑자기 살이 쪄서 몸에 이상이 생겨 몸을 회복해야 했을 때도 저녁에는 밥을 먹지 않고 삶은 달걀 10개와 생양배추를 6개월 동안 먹어 15kg을 감량했다. 출장을 갔을 때도 나의 저녁 식단은 예외가 없었다. 차에 달걀을 판으로 싣고 다니며 숙소 커피포트에 달걀을 삶아 먹었다. 연말에 송년회 같은 모임에서도 남들은 다 장어를 먹는데 그 옆에서 생양배추와 달걀을 먹으며 앉아있었다. 아내가 회비를 10만 원이나 냈는데 왜 장어구이를 한 점도 안 먹냐며 핀잔을 줬지만 아랑곳하지 않았다. 내가 하기로 한 것, 나와의 약속은 반드시 지켜져야 한다고 생각했다. 더군다나 내 건강을 위한 일이었기 때문에 남들이 비웃거나 토끼냐며 조롱해도 신경 쓰지 않았다.

내가 헬스 트레이너 국제자격증을 공부할 때도 주말반이었기 때문에 3개월 동안은 친구들이나 지인들의 대소사 자리에 참석할 수 없어서 가족을 보내거나 돈만 보낸 일이 많았다. 그럴 때마다 "그 나이에 자격증 따서 뭐할 건데?", "그깟 자격증 공부한다고 친구 일을 나 몰라라 하냐?", "네가 그거 딴다고 헬스 트레이너 할 것도 아니잖아!"라며 별난 놈이라는 말도 많이 들었지만 덕분에 나는 사람들에게 '틀림없는 사람'으로 각인되었다. 친구들의 아내들도 친구들이 나와 함께 있다고 하면 뭘 하든 믿어주었다.

그리고 나는 어떤 면에서는 배짱도 있는 편이었던 것 같다. 회사를 위해서라면 물불을 가리지 않았다.

우리 회사 옷이 A백화점에 납품되고 있었는데 우리 영업 사원이 어느 토요일 아침에 내게 전화를 했다.

"옷 2개에 품질 표시 태그가 잘못 붙은 게 있어서 A백화점 바이어가 한 달간 납품 정지시키겠다고 하는데 어떻게 해야 할까요, 부장님."

회사가 가진 가장 큰 납품처라 한 달 동안 납품이 안 되면 백화점에서 나가라는 것과 마찬가지였다. 백화점은 3개월간의 매출을 따져서 판매가 좋으면 좋은 자리로 이동하고 나쁘면 나쁜 자리로 이동하게 되어 있기 때문이다.

"내가 자네한테 책임 추궁 안 할 테니까 내가 시키는 대로 해 줄 수 있어?"

"네."

"저녁에 내가 퇴근하고 A백화점 앞에 회사 차를 댈 테니까 그 담당 바이어를 내 차에 태워주는 것까지만 해 줘. 그 다음은 내 일이야."

"네, 알겠습니다!"

그러고서 나는 부서 직원들에게 현금을 거뒀다. 한 20만 원 정도가 되어 봉투에 넣고 퇴근 후 백화점 앞으로 갔다. 약속한 시간이 되어 영업사원이 담당 바이어를 데리고 나와 차에 태워주었다.

"송 차장님, 저랑 술 한잔하실래요, 아니면 식사를 하실래요?"

"술 한잔하시죠."

나는 잠실에 있는 성인 나이트클럽으로 그 바이어를 데려갔다. 나는 술도 즐기지 않고 더더군다나 나이트클럽에 관심도 없지만 회사 매출을 위해 이 사람을 구워삶아야겠다고 판단했다. 그날 나는 못 마시는 술을 억지로 마시며 비위를 맞춰주고 그 차장과 맥주 26병을 마셨다. 새벽이 되어 나이트클럽 영업 마감 시간이었다. 생각보다 술값이 많이 나와서 나는 근처에 사는 여직원에게 급히 연락해 "혹시 20만 원만 마련해서 근처 나이트클럽으로 가져다줄 수 있겠냐"고 부탁했다. 여직원은 흔쾌히 그러겠다고 했다. 내용을 모르는 바이어는 내가 여자라도 불러 주는 줄 알고 기대한 눈치였다. 90년대는 그런 접대가 흔했기 때문이다.

"자, 오늘 차장님이랑 저랑 재미있게 잘 놀았죠? 이거 차장님 용돈으로 쓰십시오!"

나는 직원들에게서 돈을 모아 마련한 20만 원이 담긴 봉투를 건넸다. 그러고는 술값을 계산하러 갔다. 근데 나왔더니 바이어가 대뜸 "아, 주신 봉투를 테이블에 두고 나왔네요?" 하는 게 아닌가. 나는 머리끝까지 화가 났다. 누가 가져

갔을까 봐 일단 얼른 나이트클럽으로 다시 뛰어들어갔더니 다행히 봉투는 그대로 있었다. 나는 밖으로 나오자마자 바이어에게 화를 냈다.

"뭐 이딴 새끼가 있어? 야, 같은 사내끼리 술 한잔 먹었으면 끝나는 거지. 뭘 그딴 식으로 바래? 그래 너 안 받겠다면 그만둬! 너 나랑 같이 술 먹었지? 그럼 너도 옷 벗고 나도 옷 벗자!"

"…."

"다시 한번 묻자. 너 이거 받을래, 아니면 나랑 같이 한번 맞짱 뜰래?"

"… 주십시오. 그 대신 저랑 술 한잔 더 먹어요…."

나는 여직원을 보내고 바이어와 둘이 포장마차에 갔다. 소주 한 병을 둘이 나눠 마시고 그 바이어는 택시를 태워서 보냈다. 사실 그날 어떻게 그 사람을 택시까지 태워 보내고 내가 집으로 돌아올 수 있었는지 기억이 나지 않는다. 일요일에 눈을 떠 보니 집이었다. 자동차가 궁금해서 밖에 나가보니 집 앞에 자동차는 멀쩡히 주차되어 있었다. 나는 바이어가 집에 잘 들어갔는지 다시 한번 전화해서 확인했다. 지금 생각해보면 그 차장은 2차로 여자를 붙여주길 바랐던 것 같다. 아무리 그 시절 그런 접대가 당연했다고 해도 나는 남자 대 남자로서 담판을 짓고 싶었다. 어쨌든 그 일로 우리 회사는 납품 정지 없이 백화점에서 굳건히 자리를 지켜낼 수 있었다.

20년 동안 직장생활을 하면서 이런저런 일을 많이 겪었다. 나를 이유 없이 미워하는 사람들 때문에 모함도 당하고, 거래처 문제로 골치 아픈 일도 많았지만 그럴 때마다 피하거나 에두르지 않고 맞섰다. 그것이 내가 세운 원칙이었기 때문이다. 때로는 회사의 이익을 위해 나를 내던지기도 했지만 후회하지 않는다. 그때의 나는 나대로 옳은 결정을 했고 바른 행동을 했다고 믿는다.

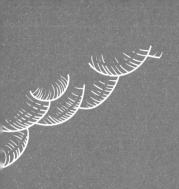

PART 11

사랑은 먼저 베풀어야
받을 수 있다

'사랑받고 싶다면 사랑하라. 그리고 사랑스럽게 행동하라.' 벤자민 프랭클린의 말이다. 성경에도 '남에게 대접받고자 하는 대로 먼저 남을 대접하라', '네 이웃을 네 자신과 같이 사랑하라'고 말한다. 모두 같은 맥락이다. 사람과 무언가를 주고받는 일은 일종의 상호작용이다. 따라서 내가 빨리 얻는 방법은 베푸는 길밖에 없다.

11

나는 보험설계사로 400여 군데의 중소기업에 찾아가 법인 영업을 했지만 기업에 방문해 '보험'에 대한 이야기를 꺼내지 않는 사람으로 유명했다. 나는 일상생활에서 일어나는 문제와 그에 대한 해결책 혹은 내가 가진 노하우를 바탕으로 기업 운영에 도움이 되는 이야기들을 해 주며 다녔다. 그래서 사람들은 부담감을 느끼지 않고 나를 만나고 싶어 했다. 그게 내가 지점이나 영업소에서 한 번도 1등을 놓치지 않고 일할 수 있었던 비결이라면 비결이다.

한번은 내가 3년간 지속적으로 찾아가도 보험 이야기를 꺼내지 않고 회사의 운영에 대한 조언만 해주던 한 회사가 있었다. 그런데 어느 날 저녁 6시쯤 그 회사의 사장님에게서 전화 한 통이 걸려왔다.

"소장님, 저… ○○회사 사장 아무개인데요. 저희 회사에서 직원이 죽었는데 어떻게 해결하면 좋을지 몰라서 전화드렸습니다."

"제가 한번 가보겠습니다."

나는 다음 날 아침 새벽같이 전라도 광주에 있는 그 회사로 내려갔다. 나에게 보험을 든 사람은 아니었지만 일단 어려움을 해결하는 것이 먼저라고 생각했다. 도착해 보니 사장의 친구라며 노무사와 변호사가 한 명씩 와 있었다. 직원이 사고로 죽었으니 회사 입장에서는 큰일이었다. 나는 옆에 가만히 앉아서 회사 사장과 변호사, 노무사가 나누는 대화를 듣고 있었다.

"그래서 얼마면 해결이 될까?"

회사 사장이 알고 싶은 것은 회사가 부담해야 하는 유족과의 합의금 액수였다. 그런데 변호사와 노무사는 "그거 얼마 안 줘도 돼"라며 정확한 금액을 제시하지 않고 계속 딴소리만 늘어놓았다. 1시간 정도를 허송세월 보내는 것을 보고 내가 참다못해 말했다.

"제가 좀 말씀드려도 되겠습니까? 돌아가신 직원분의 급여 대장과 주민번호를 알려주시면 계산해 드리겠습니다."

그제야 사장 얼굴에 화색이 돌았다. 나는 노트북을 펼치고 입수한 자료에 근거해 해결 비용을 제시했다. 옆에 있던 변호사와 노무사는 자신들의 할 일이 사라지자 조용히 사장실을 나갔다. 두 사람은 사건을 위임받아서 해결해 주고 수임료를 챙길 생각이었는데 뜻대로 되지 않으니 시간 낭비다 싶어 사라진 것이다.

"나중에 유족과 합의서가 필요하시면 말씀하십시오. 제가 작성해 드릴 수 있습니다."

그 사건 해결 이후로 나는 그 회사의 모든 보험을 계약할 수 있었고, 발이 넓은 사장 덕에 전라도 쪽에서 보험 계약을 많이 체결할 수 있었다. 뿐만 아니라 이 사장이 경영인 협회에 소속된 전라도 지부 회장이었는데 지역의 사장들이 모여 회의를 하는 자리가 있었다. 경영인이 아니면 참석할 수 없는 자리였는데 사장님 덕에 많은 사장들 앞에서 경영인들에게 꼭 필요한 최고의 인재라 소개되며 극진한 대접을 받았다.

우리 지점에 한 여성 설계사가 중소기업 상담을 가는데 여자라서 무시한다며 나더러 동행해 달라는 요청을 해왔다. 나는 흔쾌히 동행했다. 기업 담당자와 여성 설계사가 보험에 대한 이야기를 진행하고 나는 명함만 건네고서 옆에 앉아 있었다. 다행히 계약이 잘 이뤄졌고, 당시 수기로 보험료를 계산하고 작성한 계약서와 첫 회 보험료가 들어온 것을 확인하는데 보험료 계산이 잘못되어 40만 원가량이 덜 입금되었다. 여성 설계사는 자신의 잘못인데도 "보험 일이 너무 힘들어서 못 하겠다"며 그날부로 그만두었다. 나는 그 여성 설계사를 따라가 명함을 준 것밖에 한 일이 없는데 내가 뒤집어쓰고 수습하는 수밖에 없었다.

"안녕하세요. 저 명함 드렸던 팀장 장한식이라고 합니다. 저희 팀에서 계산을 잘못해서 보험료가 이만큼 덜 들어왔습니다. 이거 입금해 주시면 제가 수당을 다 포기하고 보험을 책임지고 관리해 드리겠습니다."

"보험료도 계산할 줄 모르는 사람들하고 어떻게 일을 합니까?"

그 회사는 'B엘리베이터'라는 대기업의 협력업체였다. 그날따라 B엘리베이터 본사 차장님이 협력업체 방문차 그 회사에 있었다.

"C 보험회사면 하지 마, 하지 마. 우리 본사도 거기 보험 들었는데 보상도 안 되더라고."

나는 우리 회사 보험을 들었는데 보상이 안 되었다는 말에 오기가 생겼다.

"저한테 한번 말씀해 주십시오. 제가 도움을 드리겠습니다."

"C 보험회사 부장도 안 되면서 당신이 어떻게 해결해 준다는 거요? 당신이 뭐라도 돼요?"

"저는 기업 보상 전문가입니다. 그러지 마시고 밑져야 본전 아닙니까? 제가 도움을 드릴 수 있습니다."

나의 당당함에 B엘리베이터 본사 차장은 경계심을 풀고 나에게 자초지종을 이야기해 주었다. 나는 모든 일을 팽개치고 한 달 동안 B엘리베이터의 일을 해결하기 위해 동분서주했다. 그 결과 치료비 3,000만 원과 위자료 7,000만 원을 보험사에서 지급되게 되었다. 본사 차장은 이 일로 나를 전적으로 신뢰하게 되었고 B엘리베이터 이사님에게까지 보고되어 본사에 초대를 받았다.

"이 일을 이렇게 해결해 주시다니 정말 고맙습니다. 저희 본사도 보험을 들고 협력업체들도 강제 사항이라 보험을 들긴 합니다만 왜 드는지, 어떻게 보상을 받을 수 있는지 모르고 그냥 계약하는 경우가 많습니다. 그래서 제가 팀장님께 저희 협력업체 리스트를 드릴 테니 저희 회사 사건을 해결한 담당자라고 말씀하시면서 좋은 인연 만드시고 협력회사 관리도 잘 부탁드리겠습니다."

나는 그렇게 B엘리베이터의 협력업체 리스트를 들고 본사를 나왔다. 나는 그저 도움을 주고 싶다는 마음뿐이었는데 이렇게 큰 선물을 받게 되어 운이 참 좋았다고 생각한다.

받으려는 마음 없이 주기만 했는데 그것이 다시 복이 되어 돌아왔다. 나는 사무실로 돌아와 명단에 있는 업체들에 전화를 돌리기 시작했다. 첫 번째는 인천의 어떤 업체였다. 그때 인연으로 그 업체의 사장님과는 지금까지도 안부를 묻는 사이다. 내게 늘 깍듯이 대하시고 그 회사의 직원들을 대상으로 강의도 몇 번 하러 간 적이 있다. 어쨌든 이 회사는 어떠한 사고로 600만 원이 나갔는데 보험 청구를 하니 보상이 안 된다고 해서 해당 보험의 증권을 보내달라고 요청했다. 자료를 받아서 자세히 살펴보니 보험 청구 기간이 지금은 상법에 의해서 3년이 됐지만 그때는 2년이었다. 보험 청구 기간이 보름 정도 남아서 다행이었고, 서류를 검토해봤더니 보상이 되는 범위였다. 나는 보험사에 보상을 청구해 피해 자금 600만 원을 모두 지급받을 수 있게 해 주었다.

한번은 이런 일도 있었다.

대뜸 내게 전화를 해서는 "제가 D 회사 보험을 들었는데 사고가 나서 회사 차원에서 사고자에게 1억 정도를 물어줬는데 이 사람이 병원에 있으면서 돈을 더 달라고 소송을 걸었습니다. 어떻게 해야 할지 막막해서 염치불구하고 전화 드렸는데… 좀 도와주십시오"라고 애원하는 것이 아닌가.

나를 어떻게 알고 전화했는지 당황하여 물었다.

"아니, 근데 저를 어떻게 알고 전화하셨어요?"

"아, B엘리베이터 협력사에 친구들이 있는데 거기서 장소장님 이야기를 많이 들었습니다."

"알았습니다. 그럼 제가 계신 곳으로 가겠습니다. 그 대신 저한테 증권하고 사고 난 내용을 보내주십시오. 보상이 되는지 안 되는지 제가 보겠습니다."

다른 보험사라고 해도 해석은 할 수 있어서 증권을 꼼꼼히 살펴보니 보상이 되는 거였다. 보험을 잘못 들었는데 잘못 들은 보험이 보상이 되는 아이러니한 상황이었다. 나는 다음 날 강릉으로 향했다. 모든 문서를 내가 만들어 주기로 하고 내가 옆에서 적어주는 대로 보험사와 통화를 하라고 했다. 그리고 잘 해결되어 억대의 비용을 모두 보상받을 수 있었다.

***

나는 계산적으로 머리 굴려서 나에게 이익이 되는지를 먼저 고려하지 않는 성격이다. 일단 누군가가 도와달라고 하면 내 일을 다 제쳐두고라도 도움을 청하는 사람에게 집중한다. 이 사람이 나에게 도움이 되는지 안 되는지를 따지지 않고 정의에 충실한다. 그저 내가 가진 것, 알고 있는 것을 나누고 베풀면 그것이 운으로 나에게 돌아올 것이라는 걸 경험을 통해서 알 뿐이다.

요즘 사람들은 호구가 되면 안 된다며 남에게 나누는 일을 꺼려 하거나 주저한다. 유튜브에 '호구'라고 검색만 해도 '남에게 이용당하지 않는 법', '주면서 호구가 되지 않는 법', '언제나 호구가 되는 사람들의 특징' 등 나누는 것이 바보 같은 행동이라는 뉘앙스의 자극적인 제목을 단 영상들이 쏟아진다. 물론 상대방에게 내어주고 상처받은 경험이 쌓여 이런 분위기가 되었을 거라 짐작은 하지만 내가 먼저 나누지 않으면 나 또한 누군가로부터 나눔을 받을 수가 없는 것이 세상의 이치다. 당장은 내가 10을 주고 10을 돌려받지 못하더라도 어떤 방식으로든, 또는 내가 나눈 사람을 통해서가 아니라도 우리는 모두 연결되어 있는 존재들이니 다른 사람을 통해 나눔을 받을 수도 있는 것이다.

나는 '사랑'이라는 가치도 마찬가지라고 생각한다. 내가 먼저 사랑을 베풀어야 사랑을 받을 수 있다. 받을 것을 기대하고 주는 사랑은 진정한 사랑이 아니다. 나는 내가 무엇을 배우든 나 혼자 좋자고 배우지 않는다. 내가 배운 것들은 어떤 식으로든 외부로 퍼져나간다. 누군가를 돕기 위해 쓰이기도 하고, 누군가를 가르치기 위해 쓰이기도 한다. 헛된 배움은 지금까지 하나도 없었다.

"지혜로운 사람이 주변으로부터 좋은 평판을 얻는 것은 대가 없이 먼저 베풀기 때문이다. 이러한 태도는 2가지의 이점이 있는데 하나는 상대가 원할 때 즉시 베풀어줌으로써 당신이 관대한 사람이라는 인상을 줄 수 있다는 것이고, 다른 하나는 나중에 베풀면 대가가 되지만 먼저 베풀면 호의가 된다는 것이다. 먼저 베푸는 태도는 의무를 호의로 전환하는 아주 섬세하고 교묘한 방법이다. 상대가 먼저 요구하기 전에 베풀어라. 그러면 상대는 당신에게 보답해야겠다는 마음을 갖게 될 것이다."

발타자르 그라시안의 『사람을 얻는 지혜』에 나오는 구절이다. 내가 주변에 좋은 사람들을 곁에 둘 수 있었던 비결도 이것이다.

내가 이런 성격을 가진 사람이라는 것이 소문이 나서 많은 업체의 대표와 인연이 되어 현재까지도 끈끈한 인연으로 이어지고 있다. 그래서 무슨 일만 생기면 나에게 먼저 전화가 온다. 예전에 한 회사의 대표님은 나의 이런저런 인생 역경 이야기를 책으로 만들어 주고 싶다고 했던 적도 있다. 지금도 연락을 주고받는 분인데 그분 회사에서 승강기에 끼는 사고로 30대 한의대 대학원생이 목숨을 잃은 일이 생겼다. 사실 회사 사장에게는 책임이 없는데 주변에서 "합의해라, 큰일 난다, 변호사 빨리 선임해서 합의해라"라는 말을 듣고 벌써 몇천만 원의 돈을 써 유족과 합의를 했단다. 나는 그 말을 듣고 더 큰일이 기다리겠구나 싶었다.

"사장님, 그건 형사상 합의고 이제 민사 소송이 들어올 겁니다. 사장님이 합의를 했다는 건 책임이 있다고 인정한 건데 바로 소송이 들어오겠네요. 마음 단단히 먹으세요."

아니나 다를까 민사 소송이 들어왔다. 유족은 대표에게 4억을 내놓으라고 했고, 당시 법으로 2억 정도 배상책임보험을 들게 돼 있었는데 그나마 3억을 들어놓은 상태였다. 나는 사장에게 변호사 선임할 필요 없고 내가 시키는 대로만 하라고 당부했다. 소송은 3년간 이어졌고 3억 5,000만 원을 유족에게 배상하라는 판결이 나왔다. 나는 항소를 하시라고 조언했다. 사장은 골치 아프니 어떡해서든 나머지 5,000만 원을 마련하겠다며 그만두자고 했다. 나는 사장을 설득했다.

"사장님 제 말씀 들어보십시오. 보험사가 항소하겠다는 건 이길 가능성이 있으니까 항소하겠다는 겁니다. 질 가능성이 있으면 절대 항소 안 합니다. 제 말 듣고 한번 하십시오."

1년을 거쳐서 항소한 결과 최종 2억 4,000만 원 판결이 나왔다. 그리고 소송으로 지급이 지체되어 이자가 5,000만 원이 붙어 2억 9천으로 결정되었다. 보험을 든 3억 안에서 모든 문제가 해결된 것이다. 나는 그 사장님께 고급 도자기 세트와 엄청난 대접들을 받았다. 4년이라는 긴 시간이 걸린 힘든 소송이었지만 함께 힘을 합친 덕에 만족할 만한 결과가 나왔다고 생각한다.

어떤 회사에서도 직원이 입사한 지 한 달밖에 안 됐는데 쉬는 날 물놀이를 갔다가 익사 사고로 유명을 달리한 일이 있었다. 사실 일요일에 발생한 사고라 회사에서는 책임질 일이 없는 사건이었는데 사장이 안타까운 마음에 직원 앞으로 들어놓은 보험이 있으니 회사에 반을 준다면 장례비를 회사에서 처리하겠다고 직원의 부모와 딜을 한 것이었다.

하지만 장례가 다 마무리되고 나서 유족의 태도가 달라졌다. 가족이 죽었으니 보험금을 다 받아야겠다고 나온 것이다. 사장은 애써 인천에서 청주까지 가서 장례를 치러주었는데 직원의 부모가 돌변하자 내게 도움을 요청해왔다. 나는 사장과 유족이 나눌 이야기의 대략적인 스토리를 짜서 입을 맞추고는 청주로 향했다. 일단 자식을 잃은 부모의 마음을 헤아리는 것이 먼저라는 생각에 내가 인사를 건넸다.

"아드님이 27살 젊은 나이에 세상을 떠나서 참 안타깝습니다. 고인의 명복을 빕니다. 사실 아드님이 그렇게 된 것이 회사와는 무관한데 여기 사장님께서 장례식을 다 잘 치러줬다고 그러더군요."

"네, 그건 고맙게 생각합니다. 처음에는 저희도 경황이 없고 보험에 대해 잘 몰라서 사장님이 장례식을 치러주면 보험 들어온 걸 반반씩 나눈다고 했었는데 보험금은 회사가 피보험자의 이익을 취할 수 없다고 하더군요. 그래서 저희가 보험금을 다 받는 게 맞는 것 같습니다."

"제가 보기에 어쨌든 약속을 깨신 것은 너무하신 것 같습니다. 그러면 사장님께 제가 묻겠습니다. 지금 여기서 다 이익을 취하겠다고 하는데 사장님은 보험을 들 때 피보험자의 동의에 의해 계약을 하고 피보험자가 사고 났을 때 사장님 회사 통장으로 들어와서 받게끔 돼 있는데 이래도 보험금을 청구해 주실 겁니까? 청구 안 하시겠습니까?"

"당연히 청구 안 하죠."

사장의 대답에 유족은 발끈했다.

"아니, 그런 게 어디 있습니까!"

"보험은 회사를 위해 사장님이 들었습니다. 청구도 사장님 하는 거고, 회사 통장으로 보험금이 들어오는 겁니다. 보험금이 들어오면 유족에게 지불하는 것은 맞고요. 제 말을 못 믿으시겠으면 한번 알아보십시오."

유족은 여기저기 전화를 해 보더니 내 말이 맞으니 아무 말도 하지 못했다. 게다가 사장은 1억짜리 보험을 2개 들었는데 유족이 그런 사항을 알 리가 없었다. 나는 머리를 써서 유족에게 이렇게 말했다.

"정 그러면 사장님도 안타깝고 부모님도 안타까우니 7,000만 원 가지시고 나머지는 이쪽 주시죠. 장례 치른 것만 해도 비용이 많이 나갔는데 장례비 정도는 사장님이 가져가셔야 하지 않겠습니까?"

"그럼 7,500만 원으로 하죠."

"좋습니다. 서로 합의했으니 오늘 공증합시다. 인감증명 두 분 첨부하십시오."

그렇게 이 일은 2억의 보험금 중에 유족에게 7,500만 원을 주는 것으로 마무리되었다. 사장님은 내게 고맙다며 돈을 주려 했지만 내가 받지 않자 40만 원 상당의 상품권을 챙겨주셨다.

자기 자식이 죽어도 돈 앞에서는 장사가 없나 보다. 나는 보험 일을 하면서 돈 앞에서 부모와 자식임을 포기한 사람들과 인간의 마음이 탐욕으로 짐칠되어 있음을 여러 번 확인했다. 어떨 때는 씁쓸하기도 하고 불편하기도 했다.

어쨌든 물불을 안 가리고 누군가 도와달라고 하면 숱한 사건 사고에 쫓아다니며 합의하고 법률상으로 다 해결해 주다 보니 보통 보험회사에서 왔다고 하면 바쁘다고 만나기를 피하는데 나는 어딜 가나 환영을 받았다. 오히려 나를 만나고 싶어 하는 사람이 더 많았다. 생활에 도움이 되고, 사업에 도움이 되고, 친해지면 컨설팅도 해 주니까 말이다.

발타자르 그라시안은 자신의 책에서 "지혜로운 사람은 고마운 존재가 되기보다 필요한 존재가 되고자 한다. 상대방이 당신에게 고마워하기보다 기대하고 의지하게 만들어라. 기대는 오랫동안 기억되지만 감사의 마음은 이내 사라지기 때문이다. 목마른 사람이 우물물로 목을 축이고 나면 제 갈 길을 가고, 아무리 맛있는 오렌지도 알맹이를 먹고 나면 껍질은 쓰레기통에 버려질 뿐이다. 사람 역시 의지하는 마음이 사라지면 예의도, 존경도 사라지게 된다"고 했다. 고마운 사람보다 필요한 사람이 되는 것이 주변에 사람이 모이는 비결이다.

나는 여행을 가도 모든 사람이 나를 따라온다. 내가 굳이 나서지 않는데도 어떤 자리에 가나 리더가 되어 있다. 나는 현재 살고 있는 아파트에서도 단지 내에서 일어나는 골치 아픈 문제의 해결사 노릇을 하고 있다. 내가 하려고 나서서 그렇게 된 것이 아니라 주변에서 나를 그런 자리에 올려두어서 하는 수없이 맡게 되었다. 가끔은 스스로도 '내가 오지랖인가' 싶지만 한편으로는 나를 찾고 내게 의지하는 사람이 있다는 것에 감사하는 마음이다.

***

내가 최근에 어떤 분에게 이런 말을 했다.

"사람이 무슨 얘기를 해 줄 때는 잘 보이려고 얘기하는 것인지, 진짜 인간적으로 조언을 해 주는 것인지 그걸 잘 판단하십시오."

즉 조언하는 사람은 내 귀에 거슬리는 이야기를 하고, 잘 보이려고 하는 사람은 내 귀에 무조건 좋은 얘기만 한다는 뜻이다. 그것을 잘 판단하는 사람은 성공하는 사람이고 그걸 판단하지 못하는 사람은 패가망신한다. 달콤한 말은 언제나 그 안에 독이 들어있기 때문이다. 잘되라고 해 주는 조언을 기분 나쁘게만 듣는 사람은 절대 리더가 될 수 없다. 몸에 좋은 약이 입에 쓰다는 속담처럼 이로운 말은 귀에 거슬리는 법이다. 『채근담』에도 같은 가르침을 전하는 구절이 있다.

耳中常聞逆耳之言, 心中常有拂心之事, 纔是進德修行的砥石, 若言言悅耳, 事事快心, 便把此生, 埋在鴆毒中矣(이중상 문역이지언 심중상유불심지사 재시진덕수행적지석 약언언 열이 사사쾌심 편파차생 매재짐독중의).

'귀로는 항상 거슬리는 말을 들으며, 마음속에 늘 어긋나는 일이 있다면, 이것이 곧 덕을 쌓고 행실을 다듬는 숫돌(砥石)과 같은 것이다. 만일 말마다 귀를 기쁘게 하고 일마다 마음을 즐겁게 하면, 이것이 곧 일생을 짐독(중국 전설의 새인 '짐새'의 깃에 있는 맹독) 속에 파묻어버리는 것과 같은 것이다'라는 뜻이다. 즉 충고하는 말은 귀에 거슬리지만 나의 교만과 게으른 폐단을 억제해 내 덕을 쌓고 행실을 바르게 하는 데에는 이롭다는 말이다.

나도 20대에는 나 잘난 맛에 살았던 사람이다. 사회에서 모범이 되지 않는다고 판단되거나 내 기준에서 벗어나는 사람은 모조리 관계를 끊고 잘라냈다.

"아, 저 사람은 왜 약속을 안 지키지?"

"쟤는 왜 자기 앞가림할 생각도 않고 저렇게 흥청망청 살지?"

"이 사람은 행실이 왜 저 모양이지?"

226

그러다 보니 내 주변에 친한 친구가 없었고 항상 외톨이가 되었다. 하지만 책을 읽으면서 생각이 많이 바뀌었다. 내 마음과 기준에 차지 않는다고 해서 무 자르듯 인간관계를 잘라버리기보다는 속으로만 가리자고 다짐했다. 나 역시도 누군가의 기준에선 부족한 인간일 수 있다. 사람마다 다양한 장점과 단점이 있다. 상대의 장점은 내가 취하되 단점은 눈감아줄 줄 알아야 외로워지지 않는다.

　내 친구 중에도 모임에 매번 나올 때마다 여자가 바뀌는 애가 있었다. 게다가 자기 여자친구를 다 한 번씩 안아보게 하는 황당한 행동도 서슴지 않았다. 나는 속으로 '뭐 저런 쓰레기 같은 놈이 있어?'라고 생각한 적이 있지만, 그건 내 마음속 생각일 뿐 만나면 즐겁게 시간을 보내고 잘 어울리다 온다. 만약 세상에 대한 자기 자신이 가진 기분이나 눈높이가 높다면 이제 조금은 스스로에게 여유를 주길 바란다. 그런 빈틈없는 성격과 올곧음이 어쩌면 인간관계를 재미없게 만든다. 당장 만날 친구가 없다면 동호회나 친목 모임을 찾아보는 것도 좋다. 사람은 절대로 혼자서 살 수 없다. 다른 사람과 어울리며 속으로는 가리고, 나의 약점을 드러내지 말되 겉으로는 선을 긋지 말고 다 담아보라, 상대방의 단점을…. 그러면 내 주변에도 사람이 하나둘 모일 것이다.

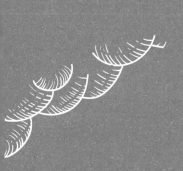

PART 12

모든 행복의 기초는
'이것'이다

앞만 보며 달려오던 나에게 어느 날 갑자기 병이 찾아왔다. 그리고 그것을 완치하기 위해 운동을 시작하고 헬스트레이너 자격증까지 땄다. 그리고 매일 새벽 독서 후 아침 6시에 헬스장에 가서 정해진 시간 동안 운동을 한다. 건강은 단순히 병이 없는 상태를 말하는 것이 아니다. 자신이 건강하다고 믿으며 그 소중함을 자꾸 망각해서는 안 된다.

12

"내 허벅지 한번 눌러 볼래?"

"헉! 완전 딴딴하신데요? 한참 젊은 저보다 훨씬 근육도 많으시고…."

"사람이 늙어서 왜 허리가 구부러지고 자꾸 넘어지는 줄 알아?"

"글쎄요…. 잘 모르겠어요."

"근육이 없어서 그래."

"아, 그렇군요. 저도 근육 운동 열심히 해야겠어요."

매일 새벽같이 일어나도 멀쩡했던 나였다. 체력에는 누구보다 자신이 있었는데 어느 날부터인가 자꾸만 기력이 떨어지는 것 같다는 느낌이 들었다. 잠을 자도 피곤하고 하루 종일 힘이 없는 상태가 지속됐다. 퇴근하고 집에 들어오면 아내가 저녁을 차리는 동안 과일을 달라고 해서 먹고는 식사 후에 또 과일을 먹었다. 자다가 갈증이 너무 심해서 냉장고에 있는 오렌지 주스 1.5리터짜리를 한 번에 다 마시기도 했다. 몸이 힘드니 마음까지 변화했다. 짜증이 불쑥불쑥 올라오고 아무런 의욕이 없었다.

병원에 한번 가 봐야겠다는 생각에 시간을 냈다. 집 근처 병원에 가는데도 다리가 후들거리고 천천히 걷는데도 숨이 턱턱 막혔다. 혓바닥도 금세 말라 입안이 매우 건조했다. 간호사에게 증상을 얘기하고 접수를 마쳤다. 진료실 앞 의자에 앉아 기다리다 내 차례가 되어 진료실로 들어갔다. 벌써 20년 전 얘기다.

의사는 나의 혈당을 재 보더니 깜짝 놀라며 당뇨 수치가 너무 높고 이 정도 수치면 실려 들어와야 하는데 어떻게 걸어오셨냐며 당황스러워했다. 당뇨 수치가 공복에 528이 나온 것이다. 의사는 기계가 잘못된 것은 아닌지 몇 번을 확인했다. 자신이 의사가 된 이후로 이렇게 높은 혈당 수치는 처음 본다는 것이었다. 의사는 내게 당장 입원해야 한다고 했다. 나는 회사가 너무 바빠서 입원을 할 수 없으니 약을 처방해 달라고 했다. 의사는 입원하지 않으면 진료는 물론 어떤 약도 처방해 줄 수 없다고 딱 잘라 말했다. 입원해서 인슐린을 맞고 혈당을 낮추지 않으면 큰일 난다며 반강제로 입원을 시켰다. 그런데 3일을 입원해 있었는데도 혈당이 떨어지지 않았다. 나는 의사에게 그냥 퇴원하겠다고 말하고 집으로 돌아왔다. 그날 얼마나 울었는지 모른다.

'정말 열심히 산 것밖에 없는데…. 이제 살만하니까 죽는다는 소리가 나오는구나. 내가 뭘 잘못한 것일까. 그동안 나는 무엇을 위해 산 것일까. 내가 나를 사랑하지 못했었구나. 그럼 이제부터라도 나를 사랑해 주어야겠다. 이제부터라도 일을 줄이고 나를 돌봐야겠다.'

나는 당뇨를 전문적으로 치료하는 병원을 찾기로 했다. 대치동에 한방과 양방 치료를 병행하는 병원이 있어서 그곳에 입원을 했다. 일주일 입원하고 수치가 좀 내려가서 퇴원을 했다.

나는 그때까지 평생 운동이라는 걸 해 본 적이 없는 사람이었다. 퇴원 후 가족들에게 이제부터 운동을 할 거라고 선언했다. 가족들이 무슨 운동을 할 거냐고 묻길래 인라인스케이트를 배워볼 거라고 했다. 내 말에 자식들이 젊은 사람도 배우기 힘들고 무엇보다 위험하다며 말렸다.

"인라인 안 타도 죽는다 산다 하는데 내가 인라인 타다 죽으나 안 타다 죽으나 똑같은 거 아니냐. 그냥 내가 하고 싶은 거 하련다."

　나는 대형마트에 인라인스케이트를 사러 갔다. 몇 켤레 신어보고는 가장 편한 것으로 구입했다. 새벽마다 아파트 공터에서 인라인을 연습하는데 나이가 들어서인지 생각보다 쉽지 않았다. 보호장비를 갖추었는데도 연습을 하다가 넘어져 팔꿈치를 갈았다. 나는 며칠 고민하다가 인터넷을 뒤져서 인라인 동호회를 찾아갔다. 매주 목요일 8시에 영동 1교 밑에서 젊은 친구들이 모여 인라인스케이트를 타는 동호회가 있었다. 인라인을 배우고 싶은데 좀 가르쳐 줄 수 있냐고 제안했더니 흔쾌히 참여하게 해 주었다. 운동을 해 본 적이 없는 나로서는 인라인을 타기 전에 몸을 푸는 스트레칭조차 버거웠다. 체력이 많이 떨어져 있었다. 이대로는 안 되겠다 싶어서 체력이 너무 많이 떨어진 것 같은데 뭘 하면 좋겠냐고 의사에게 물었다. 의사가 발목에 모래주머니를 좀 차보라고 권해 주었다. 3개월만 차도 금방 효과가 있을 거라고 했다. 처음에는 양 발목에 1kg씩 한 달을 차니 무게감이 안 느껴져서 1.5kg씩으로 증량했다. 집에서 나갈 때는 무조건 모래주머니를 차고 나갔다. 그렇게 3개월을 차니 또 안 찬 것 같은 느낌이 들어서 2kg씩으로 무게를 올렸다. 나중에는 한쪽에 2.5kg씩 양쪽의 모래주머니 무게를 5kg으로

올려 만 4년 2개월을 찼다. 다리 근력이 그전과 다르게 좋아
지는 느낌이 들었고, 체중도 빠르게 줄기 시작했다.

나는 모래주머니를 차고 온 산을 다녔다. 덕유산에 갔을
때 양쪽 발목에 2.5kg씩 모래주머니를 차고 1,685m 향적
봉까지 올라갔다가 내려올 때는 케이블카를 타고 내려왔다.
의자에 앉으니 내 발목이 두꺼운 것을 보고 사람들이 "내의
를 많이 입으셨나 보다"라며 말을 걸었다. 나는 모래주머니
를 풀어 보여주었다. 사람들이 모래주머니를 들어보더니 무
게에 깜짝 놀랐다.

"아니, 이렇게 무거운 걸 차고 산을 오르신 거예요? 그냥
올라도 힘든데… 대단하시네요!"

그렇게 나의 체력은 점점 좋아져 갔다. 운동을 한 번도 해
본 적이 없거나 근력이 너무 떨어진다는 생각을 하는 사람
이라면 모래주머니를 추천한다. 처음부터 너무 무거운 무게
로 시작하지 말고 성인 여성이라면 500g씩 1kg, 성인 남성
이라면 1kg씩 2kg로 시작해 보기를 추천한다.

나는 꾸준히 운동을 지속해야겠다는 생각이 들어 헬스클
럽에 등록했다. 아침 일찍 헬스클럽에 가서 운동을 하고 출
근해야겠다고 결심했다. 코치에게 개인 PT를 받으며 서서

히 적응해 나갔다. 그런데 한 가시 문세가 있었다. 코치들이 자꾸 중간에 그만두어서 수시로 바뀌었다. 그럴 때마다 이전에 해 오던 방식이 잘못되었다는 말을 들었다. 코치마다 가르치는 방법, 알려주는 정보가 달라서 도대체 누구의 말이 맞는 것인지 알 길이 없었다. 알고 보니 자격증이 없는 코치들도 많았고, 제대로 된 정보도 없었다. 나는 나 자신을 제대로 코치하기 위해 트레이너 자격증을 따 보기로 했다.

피사프코리아(FISAF KOREA)라는 국제단체가 있다. 나는 그곳의 헬스트레이너 자격증 주말반에 등록했다. 토요일은 아침 9시부터 저녁 8시까지, 일요일은 아침 9시부터 저녁 6시까지 3개월 동안 교육을 받는 프로그램이었다. 3개월 동안 애경사가 있으면 다 돈으로 보내거나 다른 사람을 보내며 한 번도 빠지지 않고 참석했다. 시험도 봐야 하기 때문에 허투루 할 수가 없었다.

교육 첫날 교수님은 이 자격증의 전망에 대해 소개해 주었다. 트레이너들이 돈을 많이 벌 수 있을 거라며 "여기 돈벌 생각 없이 온 사람 손들어 보세요"라고 했다. 나만 손을 번쩍 들었다. 나는 취직할 일도 없고 스스로 케어하기 위해 교육을 듣기로 한 거여서 이 자격증으로 돈을 벌 생각은 없었다. 교수님은 곧이어 반장을 뽑겠다고 했다. 반장은 해당

반에 여러 가지로 봉사를 해야 했고, 대신 교육 기간이 끝나면 모범상을 주겠다고 했다. 피사프코리아에서 모범상을 받았다고 하면 추후 헬스클럽에 취업하기가 쉬울 거라고도 했다. 나는 취업을 원하는 사람에게 모범상이 필요하겠다 싶어 구태여 반장에 지원하지 않았다.

3개월 동안 공부하면서 교수님이 알려주는 이론적인 내용과 실습하는 것들을 나중에라도 잊어버리지 않으려고 내 나름대로 열심히 정리를 해서 나만의 교재를 만들었다. 그런데 이렇게 세세하게 정리한 내용을 나만 보는 것이 아깝다는 생각이 들었다. 나는 자격증 시험을 보기 3일 전에 이곳에서 공부하는 모든 사람들에게 참고가 되면 좋겠다는 생각이 들어서 내가 만든 교재를 기증했다. 교수님을 비롯해 반 친구들이 모두 난리가 났다. 교수님은 지금까지 수천 명의 수강생이 이 교육을 들었지만 교재를 만든 사람은 처음이라며 놀라워했다. 그리고 자격증과 더불어 나는 반장이 받아야 할, 상상도 하지 못했던 모범상을 받게 되었다.

나에게는 여전히 당뇨가 있다. 완치할 수 있는 병이 아니라서 내가 죽는 날까지 함께 가야 하는 질병이지만 이 당뇨가 발견된 덕분에 나는 예전보다 훨씬 더 건강하게 지내고 있다. 내가 잠시나마 건강을 잃고 깨달은 것은 그동안 나 자신을 돌보지 않았다는 것과 내가 나를 사랑하지 못했다는 것이다. 이제는 정상 수치를 유지하고 있고, 체력이 많이 좋아지면서 63빌딩 수직 마라톤 대회나 안나푸르나 등반, 바디 프로필 찍기에 도전하기도 했다. 예전에 나였다면 상상도 못했을 일들이다. 요즘에도 하루 만 보 이상은 반드시 걷는다. 하루 만 보가 채워지지 않으면 일부러 밖에 나가서 걷는다.

내가 운동을 하고 자격증까지 따면서 깨달은 것은 나이가 들수록 반드시 근력운동을 해야 한다는 것이다. 하정구 외 4명이 지은 책『100세 건강의 비밀 근육혁명』이라는 책에 보면 이런 이야기가 나온다.

"40세 이후 근육의 양은 매년 1퍼센트씩 감소합니다. 60세가 되면 중년일 때보다 근력이 20퍼센트 떨어지고, 70세에는 40퍼센트가 떨어집니다. 젊어서 근육량을 많이 만들어 놓았다면 매년 1퍼센트씩 감소한다고 해도 나이 들어서까지도 웬만큼 근육량을 유지할 수 있겠지만, 그렇지 않았다면 심각한 상황에 이르게 됩니다."

나는 당뇨가 발견된 40대 중반까지 일만 미친 듯이 했지 근육운동은 차치하고 운동이라는 걸 한 번도 해 본 적이 없었다. 그러니 내 몸이 '이대로는 안 돼!' 하며 신호를 준 것이다. 지금은 그때부터라도 운동을 시작할 수 있어서 천만다행이라고 생각한다.

***

내가 병원 신세를 진 이후에 한 가지 더 바뀐 것은 너무 일만 하지 않겠다고 다짐한 것이다. 아주대학교 김경일 교수는 "번아웃은 일을 많이 해서가 아니라 일만 해서 생기는 것"이라는 말을 했다. 아마 내게 당뇨가 찾아온 이유도 내가 악착같이 일만 했기 때문이었을 것이다. 일종의 신체적 번아웃인 것이다. 나는 지난 삶을 돌아보면서 너무 여유도 없이 달려왔다는 걸 알았다. 나 자신과의 여유 시간과 가족들과 즐기는 시간을 가끔 마련해야겠다고 생각했다.

나는 다이어리에 '죽기 전에 세계 30개국을 여행한다'는 꿈을 세계지도와 함께 적어두었다. 그리고 결국 51개국을 여행했다. 젊었을 때는 지금처럼 자유롭게 해외에 드나들 수 있는 상황이 아니었고 주머니 사정도 넉넉하지 않아서 국내 여행 위주로 다녔다. 그러다 나이를 먹고 수입이 나아지다 보니 보통 사람보다 많은 해외 경험을 할 수 있게 되었다. 짧은 인생에서 최대한 넓은 세상을 보고 싶었다.

문득 아프리카에 가보고 싶다는 생각을 했다. 케냐 킬리만자로까지는 14시간 정도의 비행을 해야만 했다. 내가 아프리카에 가고 싶어 할 때만 해도 꽤 가기가 까다로웠다. 떠나기 10일 전에 황열병 주사를 맞고 증명서를 제출해야 했고, 아프리카 여행은 환경적인 영향 때문에 위험하다고 알려져 있는 여행지였다. 그러나 지금까지와는 색다른 경험을 하고 싶었다.

여행사를 통해 함께 출국길에 오른 사람은 나 말고도 5명이 더 있었다. 나이로비공항에 도착해 버스에서 막 내렸을 때, 입구 주변에 사복을 입고 커다란 총을 든 몇몇 사람이 보였다. 우리 일행 중 한 명이 그 모습이 신기했던지 휴대폰을 들어 그들의 모습을 촬영했다. 순간 분위기가 험악해지고 말았다. 경찰이 사진을 찍은 사람에게 다가와 뭐라고 말한 뒤 어디론가 끌고 갔기 때문이다. 나중에 들은 사실이지만 케냐에서는 군인을 함부로 사진에 담으면 안 된다고 했다. 특히나 공항은 테러의 위협도 있고 보안을 중시하기에 절대 사진을 찍어서는 안 되었다. 그 일행은 우리 여행을 책임지고 있는 가이드가 달려가서 전후 사정을 얘기하고 찍은 사진을 삭제한 다음에야 무사히 풀려날 수 있었다.

간단한 입국 심사를 모두 마치고 공항 로비를 나왔다. 우리는 10일 동안 케냐의 곳곳을 이동하면서 흙먼지가 풀풀 날리는 야생의 환경을 경험했다. 사파리 투어를 하면서 배가 부른지 꼬리만 살랑거리는 사자와 죽을힘을 다해 뛰는 멧돼지, 다른 동물이 먹다 버린 먹이를 찾아 헤매는 하이에나를 구경하거나 국립공원에 가서 끝이 보이지 않는 평원을 바라보기도 했고, 킬리만자로산에서 하이킹도 했다. 공항에서의 해프닝을 제외하고는 나도 일행도 별 탈 없이 여행을 마무리할 수 있었다.

"세계는 한 권의 책이다. 여행하지 않는 사람들은 그 책의 한 페이지만 읽는 것과 같다."

아우구스티누스의 말이다. 누군가는 여행을 '인간의 마음을 치료해 주는 회복제'라고도 표현했다는데 참 공감이 되는 말이다. 몸과 마음을 편안하게 쉬는 휴식과 여유도 좋지만 낯선 곳에서 보고 듣고 경험하는 것들은 인생의 활력이 되어 준다는 것을 다양한 여행을 통해 느낄 수 있었다. '이래서 사람들이 여행을 좋아하는구나' 하는 것도 몸소 알 수 있었다. 운동이 몸의 건강을 가져다준다면 여행은 내게 정

서적인 건강을 가져다주었다. 다른 문화와 사람을 접하며 마치 모험가가 된 것처럼 호기심 어린 시선으로 여행을 하다 보면 좁은 나의 시야가 확장되고 현재 내가 누리고 있는 것들에 더욱 감사하는 마음을 가질 수 있었다. 여행은 인생을 사는 데 참 좋은 공부가 됨에 틀림없다.

***

"당뇨 진단이 선생님께는 어떤 전환점이 되셨던 것 같아요. 평생 건강하게 살 수 있는 방법도 공부하시고, 세계 여행이라는 선물도 자신에게 해 주시고요."

"맞아. 그런 셈이지. 그 뒤로 너무 아등바등 살지 않게 되었던 것 같아. 물론 앞도 봐야 하지만 뒤도 보고 옆도 보면서…. 가끔은 달리다가 걷기도 하고 또 쉬기도 하면서 말이야."

"전 선생님과의 대화가 마치 자기계발서를 한 권 읽는 느낌이었어요. 어떻게 살아야 할지, 어떤 목적을 가져야 할지, 또 어떻게 이뤄갈 수 있을지 많이 배운 시간이었습니다. 좋은 이야기 많이 들려주셔서 감사해요."

"하하, 그래? 그렇게 들어줬다니 내가 더 기쁘네. 난 지금도 계속 경험하는 중이니 앞으로도 자네에게 들려줄 수 있는 이야기가 많이 있을 거야. 사업하다가 어려운 부분이나 고민되는 부분이 있으면 이야기 나누자고. 내가 직접적으로 해결해 줄 수는 없겠지만 도움이 되는 조언은 해 줄 수 있을 테니까."

"네, 말씀만으로도 정말 감사합니다!"

청년과 나는 늦은 밤 어둠이 짙게 깔린 거리에서 서로 손을 흔들며 헤어졌다. 아침이 오지 않는 밤은 없다. 청년에게 숱한 고민과 걱정이 있는 것을 알지만 내 경험상 그것은 눈부신 아침으로 가는 과정일 뿐이다. 언젠가는 지나가기 마련이고, 지금의 밑바닥이 변화를 향한 출발점이라는 것을 깨닫게 될 날이 반드시 올 것이다. 내가 그러했듯이.

에필로그

워런 버핏은 "당신이 생각하는 진정한 성공이란 무엇입니까?"라는 질문에 이렇게 답했다.

"나이가 60~70세가 되어서도 주변 사람들에게 사랑받을 수 있는 것이 진정한 성공이라고 생각합니다. 저는 정말 부유하지만 아무에게도 사랑받지 못하는 이들을 보았습니다. '곧 갈게요. 언제 찾아갈게요'라고 하고는 절대 오지 않는 것이죠. 그리고 인생에서 가장 수익성이 좋은 투자는 자신에게 하는 투자입니다."

나는 이 책을 쓰면서 나의 삶을 하나하나 돌아보게 되었다. 여기에 다 적을 수 없는 이야기들도 많지만 한정된 지면에 그동안 내가 경험했던 '성공'에 대한 이야기들을 최대한

풀어보려고 노력했다. 아프고 고달팠던 시절, 어려움과 고난을 헤쳐나가던 용기에 자부심을 느낀 날도 있었고, 힘들었지만 참 열심히 살아온 나 자신에게 진심으로 고맙다는 말을 전하고 싶던 날도 있었다. 한 번쯤 내가 살아온 인생을 기록으로 남겨 보고 싶다는 생각으로 시작한 일인데 오히려 내가 큰 위안을 얻은 시간이었다.

나름 부잣집에서 태어났지만 한순간에 판자촌으로 가야 할 만큼 상황이 어려워졌고, 나는 가난에서 벗어나기 위해 발버둥을 쳤다. 내가 부모를 고를 수는 없었지만 분명 그들은 내게 엄청난 영향을 끼쳤고, 선택의 여지도 없이 나는 가난과 맞서 싸워야 했다. 그렇게 아무것도 없이 지금의 내가 가진 환경을 만들기까지 수십 번을 좌절했고 눈물을 흘리며 다시 일어났다. 나는 내가 걸어온 과정을 통해 누군가도 용기를 내고 희망을 갖게 되길 바란다.

내가 생각하는 성공이란 명문대를 졸업하고, 좋은 회사에 취업하고, 돈을 잘 벌고, 영앤리치로 사는 그런 것이 아니다. 성공은 어차피 자기 만족이라고 생각한다. 다른 누군가와 비교하지 않고(비교할 필요성을 느끼지 못하고) 스스로 자신이 걷는 길에 만족하는 것이 성공인 것이다. 그렇기에 모두가 똑같은 방식으로 성공하지 않는나. 그런 의미에서 나는 충분히 성공했다고 생각한다. 하고 싶은 것을 해 오며 살았고, 내가 만든 가정을 잘 건사했으며, 남들 다 은퇴한 나이에도 여전히 나를 필요로 하는 사람들이 있고 그들에게 도움을 줄 수 있기 때문이다.

성공하는 법, 부자가 되는 법에 대해 많은 사람이 각자의 생각을 이야기하는 세상이다. 나는 무엇보다도 '습관'이 중요하다고 말해주고 싶다. 좋은 습관은 쉽게 체득되지 않지만 한 번 몸에 배게 하면 평생을 간다. 그러니 평소 좋은 습관을 자신의 것으로 만드는 노력을 게을리하지 말자. 항상 긍정적인 태도와 마음가짐을 갖고, 좋은 사람을 곁에 두어라. 그리고 워런 버핏의 말처럼 무언가 공부하고 배우는 것에 투자를 아끼지 마라. 나는 직장생활을 하면서도 내가 필요하다고 생각하는 것이나 반드시 배워야겠다고 마음먹은 것은 휴가를 내서라도 배우러 다녔다. 그것은 모두 무형의 자산으로 남아 현재도 내게 돈을 벌어다 주는 소중한 밑천이 되었다.

새벽 4시 30분에 일어나 자기계발서를 읽다 보면 세상에는 정말 뛰어난 재능을 가진 사람, 투자의 귀재, 부동산 고 수, 탁월한 사업가적 기질을 타고난 사람 등 능력자들이 많다는 생각에 저절로 겸손해진다. 사실 나는 그 어떤 부류에도 속하지 않는다. 운이 좋아서 부동산으로 어느 정도의 자산을 만들었고, 밥 먹는 시간을 아껴가며 누구보다 열심히 일해서 돈을 벌었다. 그것뿐이다. 다만, 내가 이 책을 읽는 당신과 다를 바 없는 평범한 사람이기에 좀 더 현실적으로 나의 이야기가 가닿지 않을까 하는 기대감으로 이 책을 세상에 내놓는다. 당신도 충분히 이룰 수 있을 정도의 성공을 말하는 책이기 때문이다.

내가 다이어리에 사진을 붙이고 기록하며 여러 가지 꿈을 이뤄냈던 것처럼 당신도 바라고 원하는 것들을 반드시 이룰 수 있을 것이다. 그게 아니면 바꾸고 싶은 것을 변화시킬 수 있는 힘을 얻을 수도 있을 것이다. 당신에게 1%의 동기부여라도 줄 수 있다면 나는 더할 나위가 없을 것 같다.

마지막으로 다양한 역경 속에서도 내 곁을 묵묵히 지켜주고, 세상에서 나를 가장 존경한다고 말해주는 가족들에게 감사의 말을 전한다. 그리고 그동안 나를 믿고 인정해 준 모든 분들께도 진심 어린 감사를 표한다.